グランドトラベラー

橋本尚子

Hashimoto Takako

マザー出版

はじめに

Introduction

あなたが**「自分の人生は自分でつくりたい、自分の能力や個性を社会生活において実現させていきたい」**と自己**実現**（※）を考えているかたで、しかもそれを「**たのしみながら、ワクワクしながら実現させたい**」と望んでいるかたであれば、本書はそんなあなたにぴったりの内容です。そうではなく、たまたま手にとってくださった場合でも、写真を見ているだけで元気になったり、ひらめきがあったり、なぜだか勇気ややる気が出たりして、あなたの内側が動き出すのを感じることでしょう。

こんにちは、橋本尚子と申します。

私は普段、アカシックリーディングで個人や法人の鑑定をしたり、自己認識、オーラ視、心身解放の講座やワークショップを開催したり、瞑想会、各種イベントの企画運営などをしております。これらを通して日々、たいへん多くの方々の自己認識と自己実現のお手伝いをさせていただいております。

そんな私が、まずはじめにお伝えするのは、自己実現をするためには**「自ら行動する」を身に付けることが一番の近道**だということです。とはいえ、どう動いたらよいか分からなくて困っている、自ら行動するのは億劫で面倒だというかたも多いかと思います。

そこで、本書では「自ら行動する」を身に付けるために「旅をする」ことをおすすめしています。旅といっても、こちらで提案するのは**「あなたの望みを叶えるため強力なサポートをしてくれる土地へ出向く旅」**です。観光とは少し違う旅になってしまいますが、望みを叶えるために出かけるのは「ちょっとイイな」と思いませんか。そんな「ちょっとイイ旅」をしているうちに、自ら行動することが自然に身に付いてきます。その結果、これまであなたが日々の暮らしで感じてきたことや、考えてきたことなどが変化していることに気が付くでしょう。「自分が動けば変わる」と知る瞬間です。

ところで、あなたは自分の望みを**「自力」だけで叶えようとしていませんか？**

自力だけで叶えられる部分はそれでよいのですが、自力には限界があります。１０ｋｇのバーベルを自力で持ち上げられたとしても、１００ｋｇ、２００ｋｇになったときはどうでしょう。「自力」だけで持ち上げようとするのは無茶ですし、体を壊してしまうかもしれません。あなたの望みの大きさによっては**「他力」を加えたほうがよい**場合があるのではないでしょうか。たとえば、東京から大阪へ行く際、走ったり歩いたりするのではなく、新幹線や飛行機などの「力」を借りますよね。洗濯をするときは洗濯機を、計算したいときはコンピューターをという具合に、私たちは自力以外の「力」を日常的にたくさん借りています。それなのに、あなた自身が叶えたいと望んでいること、実現したいと望んでいることに対して、あなたは「自力」だけでやろうとする・・・・・。少しへんだとは思いませんか。世の中には便利なもの、役立つもの、協力してくれるものがたくさんあるというのに。

では、あなたの望みを叶えるためにどんな力を借りたらよいのでしょう。なにが協力してくれるのでしょう。

それは、**「土地、地面の力」（地面力）**です。

ものごとが実現するとき（現実化するとき）、かたちになるときには「土」の力が必要不可欠です。「土」は無形だったあなたの「想い」をかたち（＝有形）に変えてくれる、重要な要素です。これを借りない手はありません。

それゆえ、あなたの望みをあなたが実現できるよう協力してくれる「土地」を本書で紹介していきたいと思います。

地形的、地質的に豊かな日本という国の**「地面力」**を**あなたの味方につけて、たのしく旅をしながら自己実現していきましょう！**

※K・マルクス、A・マズロー、ユングらの概念および倫理説。人間としての豊かな自己の能力や個性を実現させていこうとするもの。自己の内面的欲求を社会生活において実現すること。（出典、ブリタニカ国際大百科事典）

グランドトラベラーとは

About Ground Traveler

本書のタイトルでもある「グランドトラベラー」とは、
「意識的に土地を訪れるひと」のことです。

なんのためにその土地へ足を運ぶのかを**「意識」して**、特定の**「土地」へ行き、自己実現に向かうひと**のことです。

本書ではひとが望むものを次の６項目に分類し、それぞれの望みを強力に援護射撃してくれる土地を、それぞれ１８か所（計１０８か所）紹介しています。

- **対人関係・パートナーシップ**
- **富・財産・お金**
- **健康**
- **恋愛**
- **仕事・才能**
- **霊性**

グランドトラベラーがやることは次の3つです。

①６種類の項目のうち「どの望みを叶えたいか」を決める。

②①で決めた項目のうち、紹介した土地の中から行き先を６か所決める。

③②で決めた土地へ行く。

１つの項目につき、６か所行くことが望ましいです。「１２８頁」で説明している通り、手堅く、確実に望みを叶えるためには「６か所」をグランドトラベルすることを推奨しています。

なお、６種すべての項目に望みがあり、どこから行けばよいか困るような場合は、「対人関係・パートナーシップ」あるいは「健康」の項目からはじめるとよいでしょう。

グランドポイント（Ground Point）ＧＰとは？

さて、グランドトラベルをするときにもっとも**「ポイントとなる場所」**があります。本書では**その場をＧＰ（グランドポイント）と表記**しています。ＧＰは１か所の場合もあれば、複数の場合もあります。また、「行く順番が決まっている」場合もあります。

１０８か所紹介しているすべてに共通しているのは、「その土地を訪れるだけ」であなたのエネルギーを動かし、活性化し、強化することです。

ＧＰ特定のない土地での過ごし方

なお、「場所名のみの紹介」の頁に載せている場所は、ＧＰを特定していません。それらは基本的に「その場所へ行くだけ」で、あなたと土地のエネルギーがつながるところを厳選しています。したがって、「ＧＰはどこ！？」と心配しなくてもだいじょうぶです。

あなたがその土地（場所、空間）を訪れたとき、「あ、ここは自分にとってＧＰな気がする！」と感じる「特定の場」があれば、そこを「あなたのＧＰ」にしてください。その「あなたの感覚」こそがどんなことよりも大切であり、意識的に土地を訪れているグランドトラベラーの証です。

そして、「あなたのＧＰ」では次のように過ごしましょう。

① その土地を訪れた目的を再確認する。
② 土地を五感のすべてで感じるよう意識する。
③ 土地のエネルギーと、あなたのエネルギーがスムーズに交流していることをイメージする。イメージが湧かない場合は、土地とあなたが友好な関係であると「思う」だけでも十分です。
④ 「呼吸」を意識する。息を吸うと土地のエネルギーがあなたに入ってきて、息を吐くとあなたのエネルギーが土地と混じり合うイメージをするとよい。
⑤ 心願を想う際には既に「叶った」と過去形で想うようにする。

あなたが感じ取った「あなたのＧＰ」で、心願（あなたの心からの望み、願い）を想い、あなた自身の「呼吸」に意識を向け、静かに滞在します。１か所に**３０分以上滞在**できるのがベストです。（状況にもよりますので臨機応変にお願いします）

グランドトラベルする最適な時期や時間はある？

ところで、土地のエネルギーは年間を通して同じではなく、多少の変動があります。それは、1日という単位でも同じことがいえます。

もっともパワフルな時期は3月から6月で、やや抑え気味のエネルギーになるのは12月から2月です。けれども、これは土地によって違うので、一概にはいえません。

1日単位でいえば、土地のエネルギーが下降する午後4時ころには土地から去ることを考えて行動するとよいでしょう。

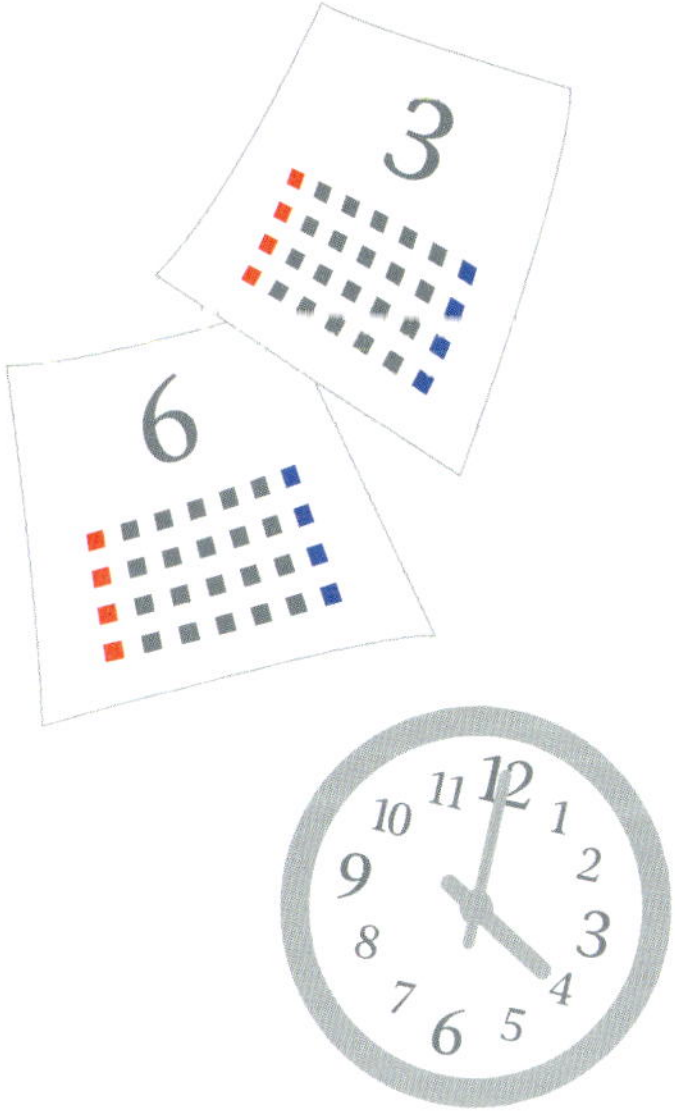

グランドトラベラーのマナー

訪問先にゴミを置いてきたり、独り占めするようなことをしたり、その土地のものを持ち帰ったり、土地にないものを持ち込んだりしないことは当然のマナーです。あなた以外のひとへの思いやりを持ち、配慮をしつつ、気持ちよく土地とあなたをつなげましょう。

巻末付録の使い方

あなたが訪れた土地を記入し「マイマップ」を作成しておけば、あなたとつながっている土地が一目で分かるようになります。旅から戻ったあともなお意識化でき、つながりを維持しやすくなります。「書く」という行為も望みを叶える要因のひとつになりますので、ぜひ記入しておきましょう。

あなたが意識的に土地を訪れることで、あなたと土地はつながり、その土地を離れても、意識をしただけでいつでもその土地とオンライン状態になるのです。

グランドトラベラー

目次

Contents

地域別インデックス

Regional Index

北海道・東北地方

北海道、青森、岩手、宮城、秋田、山形、福島

甲信越・北陸地方

山梨、新潟、長野、富山、石川、福井

中国・四国地方

鳥取、島根、岡山、広島、山口、
徳島、香川、愛媛、高知

関東地方

茨城、栃木、群馬、埼玉、
千葉、東京、神奈川

東海地方

愛知、岐阜、三重、静岡

近畿地方

大阪、京都、兵庫、
奈良、滋賀、和歌山

九州・沖縄地方

福岡、佐賀、長崎、熊本、大分、
宮崎、鹿児島、沖縄

北海道・東北地方

北海道、青森、岩手、宮城、秋田、山形、福島

健康 姥神大神宮
北海道檜山郡江差町姥神町 99

恋愛 北海道神宮
北海道札幌市中央区宮ヶ丘 474

仕事 青い池
北海道上川郡美瑛町白金

霊性 五稜郭公園
北海道函館市五稜郭町 44

健康 仏ヶ浦
青森県佐井村長後縫道石地内

健康 十和田湖・奥入瀬渓流
青森県十和田市奥瀬

仕事 浅虫温泉
青森県青森市浅虫

対人 藤三旅館
岩手県花巻市鉛中平 75-1

お金 龍泉洞
岩手県下閉伊郡岩泉町岩泉神成 1-1

健康 黒石寺蘇民祭
岩手県奥州市水沢区黒石町山内

対人 多賀城跡
宮城県多賀城市市川城前 36

健康 青麻神社
宮城県仙台市宮城野区岩切青麻沢 32

霊性 金華山頂上奥の院
宮城県石巻市鮎川浜金華山 5

対人 唐松神社
秋田県大仙市協和境下台 84

霊性 大湯環状列石
秋田県鹿角市十和田大湯万座 45

仕事 湯殿山
山形県鶴岡市・山形県西村山郡西川町

霊性 鳥海山・鳥海山大物忌神社（山頂の「御本社」）
山形県飽海群遊佐町吹浦字布倉 1

対人 天栄村役場季の里天栄
道の駅・福島県岩瀬郡天栄村大里天房 50-1

恋愛 大悲山の大杉
福島県南相馬市小高区泉沢字薬師前

仕事 三石神社
福島県南会津郡只見町只見下田ノ口 931-2

関東地方

茨城、栃木、群馬、埼玉、千葉、東京、神奈川

お金 筑波宇宙センター

茨城県つくば市千現2−1−1

健康 筑波山

茨城県つくば市筑波１

月水石神社

茨城県つくば市沼田

霊性 鹿島神宮

茨城県鹿嶋市宮中 2306-1

お金 茶臼岳

栃木県那須郡那須町湯本

恋愛 九尾稲荷大明神

栃木県那須郡那須町湯本

対人 白根山

群馬県吾妻郡草津町草津

お金 榛名山

群馬県高崎市榛名湖町

恋愛 ジャパンスネークセンター

群馬県太田市薮塚町３３１８

恋愛 時の鐘

埼玉県川越市幸町

仕事 喜多院

埼玉県川越市小仙波町１−２０−１

恋愛 鋸山

千葉県富津市金谷

仕事 犬吠埼

千葉県銚子市犬吠埼９５７６

対人 徳川慶喜お墓・谷中霊園

東京都台東区谷中７−１−１

霊性 皇居

東京都千代田区千代田１−１

恋愛 長谷寺

神奈川県鎌倉市長谷３−１１−２

甲信越・北陸地方

山梨、新潟、長野、富山、石川、福井

健康 **増富ラジウム温泉**
山梨県北杜市須玉町比志

霊性 **西湖**
山梨県南都留郡富士河口湖町西湖

対人 **龍ヶ窪**
新潟県中魚沼郡津南町谷内

健康 **弥彦神社**
新潟県西蒲原郡弥彦村弥彦 2887—2

恋愛 **高田公園**
新潟県上越市本城町４４−１

対人 **諏訪湖**
長野県諏訪市諏訪湖畔

お金 **神長官守矢史料館**
長野県茅野市宮川 389-1

お金 **御嶽山・御嶽山ロープウェイ**
長野県木曽郡

健康 **木曽くらしの工芸館（道の駅「木曽ならかわ」）**
長野県塩尻市木曽平沢 2272−7

恋愛 **開田高原**
長野県木曽郡木曽町

仕事 **万平ホテル**
長野県北佐久郡軽井沢町軽井沢 925

霊性 **諏訪神社・四社（長野県）**
上社前宮・諏訪市中洲宮山 1
上社本宮・茅野市宮川 2030
下社春宮・諏訪郡下諏訪町 5828
下社秋宮・諏訪郡下諏訪町 193

お金 **池田屋安兵衛商店・平和通り**
富山県富山市堤町通り 1-3-5

恋愛 **白山・白山奥宮**
石川県白山市白峰

仕事 **氣多大社**
石川県羽咋市寺家町ク１

霊性 **須須神社・奥宮**
石川県珠洲市狼煙町カ 74

仕事 **永平寺**
福井県吉田郡永平寺町志比５−１５

霊性 **平泉寺白山神社**
福井県勝山市平泉寺町平泉寺５６

東海地方

愛知、岐阜、三重、静岡

対人 牟呂八幡宮

愛知県豊橋市牟呂町字郷社1

お金 犬山城

愛知県犬山市犬山北古券65-2

お金 飛騨高山「古い町並」

岐阜県高山市上一之町

仕事 篠田桃紅美術空間

岐阜県関市若草通3-1

仕事 ぎふ長良川の鵜飼

岐阜県岐阜市湊町1-2

お金 椿大神社

三重県鈴鹿市山本町1871

霊性 伊雑宮

三重県志摩市磯部町上之郷374

対人 粟ケ岳世界農業遺産
茶草場テラス

静岡県掛川市東山1051-1

お金 久能山・日本平水祝神社

静岡県静岡市清水区草薙597-8

恋愛 熱海サンビーチ

静岡県熱海市渚町2

近畿地方

大阪、京都、兵庫、奈良、滋賀、和歌山

対人　**大泉緑地**
大阪府堺市北区金岡町128

お金　**仁徳天皇陵**
大阪府堺市堺区大仙町7

仕事　**今城塚古墳**
大阪府高槻市郡家新町

お金　**生駒山上遊園地・八大龍王（龍光寺）**
奈良県生駒市菜畑町2312-1
大阪府東大阪市山手町2028

霊性　**京都御所**
京都府京都市上京区京都御苑3

霊性　**沼島**
兵庫県南あわじ市沼島

霊性　**玉置神社**
奈良県吉野郡十津川村玉置川1

対人　**八幡掘**
滋賀県近江八幡市宮内町周辺

お金　**五個荘金堂**
滋賀県東近江市五個荘金堂町地区

お金　**竹生島・竹生島神社**
滋賀県長浜市早崎町1665

恋愛　**信楽陶苑たぬき村**
滋賀県甲賀市信楽町牧1293-2

仕事　**石山寺**
滋賀県大津市石山寺1-1-1

仕事　**日牟禮八幡宮**
滋賀県近江八幡市宮内町257

対人　**神倉神社**
和歌山県新宮市神倉1-13-8

お金　**橋杭岩**
和歌山県東牟婁郡串本町くじの川

健康　**熊野本宮大社・熊野古道**
和歌山県田辺市本宮町本宮1110・周辺

恋愛　**龍神温泉**
和歌山県田辺市龍神村

中国・四国地方

鳥取、島根、岡山、広島、山口、徳島、香川、愛媛、高知

健康 水木しげるロード

鳥取県境港市大正町

健康 御墓山

鳥取県日野郡日南町阿毘縁

対人 日御碕・美保関

島根県出雲市大社町日御碕

松江市美保関町

お金 八重垣神社

島根県松江市佐草町 227

恋愛 鷲羽山展望台・沙弥島

岡山県倉敷市下津井田之浦

香川県坂出市沙弥島

お金 帝釈峡

広島県神石郡神石高原町

健康 仙酔島

広島県福山市鞆町後地

霊性 弥山

広島県廿日市市宮島町弥山

仕事 松下村塾

山口県萩市椿東船津 1537

対人 大塚国際美術館

徳島県鳴門市鳴門町土佐泊浦字福地 65-1

健康 大歩危小歩危

徳島県三好市山城町重実～上名

恋愛 道後温泉

愛媛県松山市道後湯之町

霊性 唐人駄場

高知県土佐清水市松尾 977

九州・沖縄地方

福岡、佐賀、長崎、熊本、大分、宮崎、鹿児島、沖縄

恋愛 博多屋台街
福岡県福岡市博多区

霊性 宗像神社・中津宮
福岡県宗像市大島 1811

恋愛 祐徳稲荷神社
佐賀県鹿島市古枝乙 1686

対人 神ノ島教会
長崎県長崎市神ノ島町 2-148

仕事 四海楼
長崎県長崎市松が枝町 4-5

仕事 玉石鼻・ポットホール
長崎県北松浦郡小値賀町斑島郷

霊性 小値賀島・地ノ神島神社
長崎県北松浦郡小値賀町前方郷 3939

霊性 野崎島・沖ノ神嶋神社・王位石
長崎県北松浦郡小値賀町笛吹郷 2791-13

健康 幣立神宮
熊本県上益城郡山都町大野 698

健康 宇佐神宮
大分県宇佐市大字南宇佐 2859

健康 龍門の滝
大分玖珠郡九重町松木龍門

仕事 矢研の滝
宮崎県児湯郡都農町尾鈴

対人 開聞岳
鹿児島県指宿市開聞十町

健康 白谷雲水峡
鹿児島県熊毛郡屋久島町宮之浦

恋愛 霧島神宮
鹿児島県霧島市霧島田口 2608-5

対人 大神島
沖縄県宮古島市平良大神

GROUND POINT 01

対人関係・パートナーシップ

01 対人関係・パートナーシップ

親子関係、友人・知人関係、仕事関係、ご近所関係、親戚関係、兄弟姉妹関係、夫婦関係、ママ友・パパ友関係・・・・・・私たちは複数の「ひととの関係性」を持っています。インターネットが普及した今、世代によってはＳＮＳでの関わりもひととの関係性だといえるでしょう。この多様な関係性の中で生じる問題に悩まされているひとは少なくありません。他者との関わりを円滑にして、摩擦によるストレスを減らしたい。大抵のひとはそう望みます。

世の中の問題や悩みのほとんどが、この「対人関係・パートナーシップ」に関連しているのではないかと思えるほど、広く深く幅をきかせているテーマのように思います。

対人関係・パートナーシップを考えるとき、私たちがついつい陥りがちなのは「他者の変化を望んでしまう」ことです。関係性が円滑に、良好になるには「相手が変わってくれさえすれば済むことだ」と、変わるのは自分ではなく、相手だと思ってしまうことがあります。多種多様な関係性の中には当然、あなたが完全に正しいことも多々あるでしょう。そして、理不尽なこともたくさんあるでしょう。けれども、グランドトラベラーは「自ら動く」「意識的に動く」がモットーです。あなたが「関係性をよくしたいと望む」事柄に対しては、誰がよくて(正しくて)誰がわるい(正しくない)にこだわらず、「あなたが動きましょう」。行動することによって、感情的になり過ぎず、精神論だけに偏ることもなく、観察眼を持つ余裕が生まれます。

　対人関係・パートナーシップとは、他者との関わりだけではありません。実は、「自分自身との関わり・関係性」のことでもあります。自分との関係性がスムーズであるか、自己受容しているか否かで、社会の見方、とらえ方が違ってきます。「自ら動く」を実践するグランドトラベラーは、その行動を通して自己認識が促され、自分との関係性が健全になってきます。自分の内側の摩擦が減ると、社会(他者)との摩擦も少なくなります。

　ひとの悩みの要因は「ひと」であることが多いですが、ひとをハッピーにするのもまた「ひと」です。本当の意味で他者との関わりを持てることは、ひとにとって一番の喜びかもしれません。「ひと」との関係性、「ひと」との共同・協働(パートナーシップ)を良好、円滑、拡大、健全にしたいと望むかたは、ここで紹介する土地を訪れてみるとよいでしょう。自分自身との関係性が健全になり、その結果、他者との関係性が変化していきます。

GROUND POINT REVIEW

- 龍ヶ窪
- 大神島
- 美保関・日御碕
- 他の場所紹介(15か所)

01 対人関係・パートナーシップ

日御碕・美保関

・島根県出雲市大社町日御碕 1478
・島根県松江市美保関町地蔵崎

エネルギーを調整し、あなたの全体性を取り戻せる場所。

島根半島の西端、東端にそれぞれ位置する、日御碕と美保関をご紹介します。

島根県といえば「出雲大社」がとても有名ですが、日御碕はそこからほど近いところにあります。

日本一の高さを誇る「出雲日御碕灯台」が見えてくると、思わず「わぁ！」と感嘆の声が漏れます。真っ白に輝くその姿は堂々と美しく、存在感たるや圧巻です。

ここ「日御碕」（GP1）では、足元の大地にご注目ください。柱状節理《ちゅうじょうせつり》の岩石が海岸線を形作っており、この形状がここを紹介するに至った最大のポイントになります（柱状節理とは、岩石の形状が六角形や五角形の柱状になっていることをいい、日本では他に、福井県や新潟県、兵庫県、奈良県など国内の幾つかの場所で見ることができます）。柱状節理の土地のエネルギーは、ものごとをストレートに伝達する効果があり、後述する「美保関」と「対《つい》」の関係になっています。

断崖絶壁の海岸線を少し歩いたら「自分がしっくりくる」場所を見つけ、そこでじっとしていましょう。立ったままの場合は、柱状節理の岩石を足の裏で、坐る場合はお尻でしっかり感じようと意識します。そして、あなたの「対人関係・パートナーシップ」に関する心願を想います。海から強く吹いてくる風を全身で感じながら、同時に足（またはお尻）の下にある岩石を感じ、天に向かう縦のエネルギーを感じようとしてみましょう。

次に向かうのは、島根半島の東の端、美保関町の「沖ノ御前遥拝所」（GP2）です。ここにも石造りの灯台「美保関灯台」があります。前出の出雲日御碕灯台の真っ白な外壁は、美保関町で採掘された石だそうで、「灯台兄弟（もしくは姉妹）」というところでしょうか。この2つの灯台は、フランスに本部を置く国際航路標識協会により「世界灯台100選」に選ばれており、日本では他に、千葉県、新潟県、静岡県の灯台3つを足した5か所。そのうちの2か所が、島根半島の西と東にあります。

美保関町の沖ノ御前遥拝所には日没前までに到着しましょう（日御碕も同じです）。美保関灯台の裏手辺りに石の鳥居があるので、そこから4kmほど沖合にある小島「沖ノ御前」を遥拝しましょう。肉眼で沖ノ御前を見るのはなかなか難しいですが、「この辺りにあるだろう」とイメージするだけで構いません。遥拝しながら、自分自身と沖ノ御前が「意識の糸でつながる」イメージをします。このとき、日御碕のときと同様、あなたの心願を想いましょう。

地面からニョキニョキと生えたかのような柱状の石が海岸線いっぱいに広がっています。この場では「縦に伸び上がるエネルギー」を感じようと努めましょう。

日御碕と美保関は「対」「ツイン」関係のエネルギーになります。片方だけでは「whole」にならず、全体性に欠けてしまいます。

対人関係やパートナーシップで問題を抱えるひとに多く見られる特徴に「自分のエネルギーの一部を他に預けてしまう、委ねてしまう、分散させておく」という点があります。多くの場合、他に依存的であったり、責任を恐れているなどして「自分自身を全体性として生きられず、エネルギーが分散している」のです。

自分自身の全体性で生きることができると、対人関係やパートナーシップの問題は「問題」ではなくなります。消えて無くなってしまうわけではないのですが、問題視しなくなる、問題だと感じなくなるのです。

日御碕と美保関の両方の土地を踏むことで、「wholeの自分」「全体性としての自分」を取り戻しましょう。

日御碕からも美保関からもその姿を望むことができる中国地方の最高峰大山（標高 1,729m）は、伯耆富士と呼ばれている独立峰で、非常に強いエネルギー場です。時間に余裕のあるかたは、ぜひ山腹にある「大神山神社・奥宮」を訪れてみてください。

美保神社から仏谷寺を結ぶ約 500m の参道は、水に濡れると青く光ることから「青石畳通り」と呼ばれています。通りには登録有形文化財の建物が並び、小規模ながらも美しい景観です。

事代主神《ことしろぬしのかみ》と三穂津姫命《みほつひめのみこと》を祀る美保神社は、事代主神系ゑびす社の総本宮です。毎日、午前 8 時半と午後 3 時半に行なわれている祭典（朝御饌祭《あさみけさい》・夕御饌祭《ゆうみけさい》）は、見ているだけで心身共に清められます。（※巫女不在時は奏楽のみ）

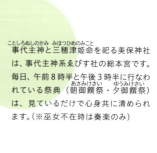

GROUND POINT REVIEW

GP1　日御碕の海岸線（柱状節理岩石の上）で、あなたのしっくりくる場所。

GP1での過ごし方　日御碕では「柱状節理の岩石をしっかり感じる」こと（足の裏またはお尻から岩石のエネルギーが自分に入ってくることをイメージしましょう）。

GP1滞在時間　自由（一瞬でもよいですし、じっくり長時間でもよいです）

GP2　沖ノ御前遥拝所（美保関）

GP2での過ごし方　美保関では「沖ノ御前遥拝所」から「沖ノ御前を意識する」こと（鳥居にいる自分自身と4km沖合にある沖ノ御前を意識の糸でつなぐようなイメージをしましょう）。

GP2滞在時間　自由（一瞬でもよいですし、じっくり長時間でもよいです）

！　日御碕と美保関へは、日をまたがずに同日に行くのがベストですが、日没前に両方の土地へ行くのが難しく、片方だけの場合は、もう一方を翌日の午前中に訪問しましょう。

01 対人関係・パートナーシップ

宮古島・大神島

沖縄県宮古島市平良大神

俯瞰する視点、マクロの視点を持ち、関係性を豊かにしよう。

「んみゃーち」。宮古島の方言で、「いらっしゃい、ようこそ」という意味です。「ん」から始まる言葉が珍しく、私は何度も「んみゃーち」と口に出して発声していました。

というのも、大神島行きの船が出る「島尻漁港」まで乗車したタクシーの運転手さんが大変愉快なかたで、宮古島の方言を「荷物にならない無料のお土産だから持って帰りなさい」と教えてくださったからです。この他に、「パリ」という方言を覚えました。「パリ」とは「畑」のことだそうで、野良仕事をする宮古島の女性たちは皆「パリジェンヌだよ！」と。軽快に宮古島の話をしてくれる運転手さんの話術はこの「０１ 対人関係・パートナーシップ」で、番外編として紹介したいほど巧みでした。

大神島の港に船が着くと、島の番犬（？）がどこからともなくトコトコと現れて、島に上陸した私を迎えてくれました。

大神島は２０１９年３月現在、島民２２名（『離島統計年報』および離島経済新聞社情報）が暮らすちいさな島です。以前は女性のみが入島できる島だったそうですが、現在は男性も入ることができます。島全体が聖地とされており、むやみに島のもの（石や砂、植物、貝殻、サンゴなど）を持ち出してはいけない決まりがあります。

島はものすごく静かです。島民数とは無関係に、岩も土も草も木も花も、なにもかも皆「静か」に

「見ている」感じです。宮古島から船でわずか15分の距離ですが、流れている空気感がまるで違います。「遠見台」へ行かれる場合は、道中なるべく無言でいるのがよいでしょう。言わずとも自然と口数が減ってくるかと思いますが、つい楽しくて仲間とのお喋りが止まらない、ということもありますよね。ですが、この土地で粛々と積み重ねられてきた大切な空間を尊重するためにも、あなた自身の内なる叡智とつながるためにも、普段とは違う感覚を持って行ってください。

大神島のGPは「島そのもの」ですから、上陸するだけでも十分ですが、せっかく訪れたならぜひ、遠見台にも登ってみましょう。歩きやすいように木製の階段が設置してあり、子どもでも無理なく登れます。

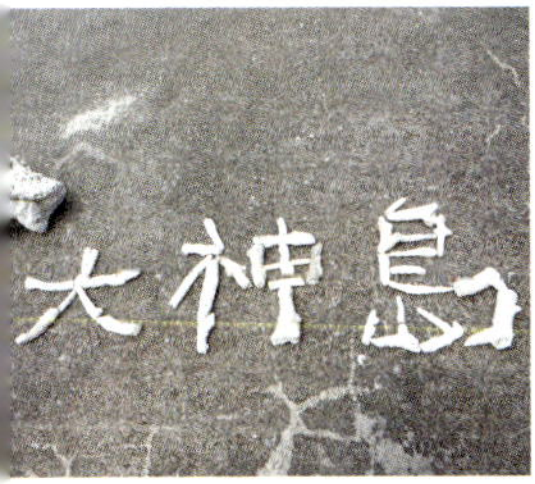

ちいさなスペースである遠見台では、方角を意識

「遠見台」へ行く山道で、天然の「鳥居」または「茅の輪」を発見。ここをくぐる前に再度「あなたの心願はなにか？」を明確にしておくとよいでしょう。大神島は祭祀のため立ち入り禁止区域ができる時期があります（祭祀は儀式によって開催時期が決まるため不定期）。事前に大神島観光協会へ問い合わせておくことをお勧めします。

してみることをお勧めします。北の方角にはなにがあるか、西の方角にはなにがあるかなど、思いを巡らせてみましょう。その行為があなたの「対人関係・パートナーシップ」に関わる問題点をスルスルと解決する方向へと運んでくれるようになります。遠見台に登らず、浜辺や多目的広場、防波堤でのんびりしようと考えている場合も同じです。宮古島の北に位置する小さな島、大神島にいる自分を俯瞰する視点になり、自分の位置を中心にして、東側にはなにが？　南側にはなにが？　と思いを巡らせます。地理が苦手なかたは文明の力を利用しましょう。地図アプリがすぐにあなたに対応してくれるはずです。

大神島は、ある明確な意図を持ち、適切な祈りが確実に行なわれている貴重な場です。あなたの真摯な想いは、この土地からの後押しを受けられることでしょう。また、大陸から琉球王国に入り、大和民族へとつながる生命の道筋などにも心を寄せてみるのもよいでしょう。

この階段を登りきったところにあるちいさなスペースが「遠見台」です。大神島周辺を 360 度見渡すことができます。遠見台に到着するほんの手前に「岩」と「祠《ほこら》」があります、こちらに必ずご挨拶をしましょう。

島唯一の食堂「おぷゆう食堂」の宮古そば。「カーキたこ丼」が名物とのことでしたが、食べ損ねてしまいました。他にカレーやサザエの壺焼き、巻貝、かき氷などのメニューもあります。日用雑貨、食品、手作りアクセサリーなども扱っていて、島の中核を担っています。

多目的広場。きれいに整備されていて、トイレや屋根付きの休憩所があります。この広場の前にシュノーケリングポイントがあり、大神島の美しい海をたのしむことができます。

GROUND POINT REVIEW

GP 大神島全体

GPでの過ごし方 大神島漁港に着くと、左右に延びた舗装道路があります。左右どちらから行かれても構いませんが、両方の端まで歩くとよいです。
遠見台へ行くことをお勧めします。島に１軒ある食堂「おぷゆう食堂」脇の道をまっすぐ上がって行くのが近いです。海に入ることもお勧めします（足だけでも浸してみましょう）。

GP滞在時間 大神島と島尻漁港を行き来する船「スマヌかりゆす船」が２時間毎の発着なので、必然的に最低２時間は滞在することになります。この船以外で行く場合は、45 分以上滞在しましょう。

日陰がありません。港と多目的広場に屋根付きの休憩場所はありますが、他は太陽の光が燦々です。日焼け対策、補給のための水分携帯が必須です。お手洗いは島に２か所あります。船の時間を必ず調べておくことと、入島できない時期を調べておくことが必要です。島にあるものの持ち出しは禁止されています。島全体が聖域です。島全体が住民の方々の「個人宅」であると思ってください。お邪魔させてもらうという礼儀を忘れないようにしましょう。

01　対人関係・パートナーシップ

龍ヶ窪

新潟県中魚沼郡津南町大字谷内6217

白龍に出会える池。

「龍ヶ窪」は季節や天候によって、まったく違う表情と空間を作り出す不思議な場所です。晴れた日は、木々の隙間から差し込んだ太陽の光が池の水の色鮮やかさを浮き彫りにして清々しい。雨が降れば、やわらかな白霧が辺り一面を包んで異界的。曇天は、時が止まったような静けさと落ち着きで、自分の内面に集中して潜り込むことができる……。訪れたときの天候は、あなたの「対人関係・パートナーシップ」に関する望みを叶えるために必要な、「ベストな空模様」となることでしょう。

　地下水によってできているこの池は、1日ですべての水が入れ替わってしまうほどの量が湧き出し、信じられないくらいの透明度を保っていて、水面はまるで鏡のよう。ブナ、ミズナラ、カエデ、トチノキなどの周りの木々だけでなく、空も雲もすべて水面に映り込み、どこからが水面なのか、その境目を見分けるのが難しいほどです。

　私はここへ来ると、必ず「白龍」を意識します。信じる、信じないはひとそれぞれですが、龍ヶ窪には中サイズの白い龍が静かに存在しています。

　日本の各地で「龍」は祀られ、伝説や逸話もあります。日本をはじめアジア諸国では、龍を神として、幸福や富、権力の象徴としてみなすことが多いですが、私の個人的なとらえ方は少し違います。龍にもさまざまな種類、役割があります。そのうち白龍は、ある一定の条件を満たすと現象化する

エネルギー体の一種で、自然(nature, element特に水)と深く関連付いている存在であり、ほとんど「ひと」に付くことはありません。

はじめて「龍ヶ窪」を訪れた、小雨が降る肌寒いある日のことです。ひと気が一切なく、どこか別の星に来たような気分と、なぜか気を抜いてはいけないと思わせる緊張感があり、ここはなんだか恐ろしいところだなと思いました。

池の淵でぼうっと水面を見ていると、突如それは現れました。漫画『ドラゴンボール』の「シェンロン」が登場するシーンのように、池の中央から大きな白龍が胸の辺りまでを水面上に出し、こちらを凝視しています。あまりの驚きに私は息をするのも忘れ、金縛り状態でした。そんなこともあって、ここを訪れるたびに「今日はどうかな? 白龍いるかな?」と意識します。

この世で変化しないものは何一つありません。

池を約半周できる小径は木片が敷き詰められ、とても歩きやすいです。木の葉が風に揺られて立てる音や、鳥の鳴き声に耳を澄ませ、深くゆっくりとした呼吸を意識しながら歩いてみましょう。あなたの望む「対人関係・パートナーシップ」のことをイメージしながら歩くのもよいでしょう。

自然環境が変われば、この存在も変化することは当然なのですが、今のところ白龍は健在で、この地の自然環境は守られています。

ＧＰは「龍ヶ窪の水」と書かれた、丸太が立っているところから少し下がった池の淵です。

自然保護のため、池に近付くことができる場所はかなり限られています。訪れたひとは皆、池に接近できるこの狭い場所に集まるでしょうから、場合によってはＧＰで過ごせる時間は少ないかもしれません。池の周りをゆっくり散策するだけでも十分に土地のエネルギーを取り入れられますから、ＧＰで時間を取れなかったとしても安心してください。

ここ龍ヶ窪の池の土地は、あなたの感情バランスを整えます。それが「対人関係・パートナーシップ」に功を奏すことでしょう。

もし時間に余裕があれば、龍ヶ窪の池から車で約３０分のところにある「松ノ山温泉」(新潟県十日町市松之山天水越)に立ち寄ることをお勧めします。この地も「対人関係・パートナーシップ」に効果があります。

生い茂った木々の隙間から見える龍ヶ窪池は深淵な美しさを感じさせ、いつまでも眺めていたい気分になります。GP にこだわらず、あなたが「ここ、好きだなぁ」と思うようなところがあれば、必ず時間を取ってその場から池を眺めてみましょう。

GP であり、池に最も近付ける場所です。リラックスして水面をじーっと見つめていると「池と一体化したような感覚」になってきます。あなたのハートがフワッと軽くなるのを体感してください。

取材した日、白龍はここにいらっしゃいました。さて、あなたは見つけることができるかな？

GP	「龍ヶ窪の水」と書かれた丸太が立っているところから緩やかな斜面を下がった池の淵
GPでの過ごし方	呼吸を整え、水面をソフトフォーカスで見つめます。喉から胸部辺りで「池」を感じてください（池を丸ごと受け止めるような感じ）。そして、心願を想いましょう。
GP滞在時間	15分以上いられるとよいです。人が多く難しい場合は、池の淵（遊歩道になっているところ）をゆっくり散策し、敷地内に30分以上いるとよいです。GPは大変狭いので、他のかたとゆずり合い、気持ちよく過ごしましょう。

池の脇にある「龍ヶ窪神社」のふもとに水を汲める場所があります。ここの水を飲むとよいです。

01 対人関係・パートナーシップ

他の場所

「対人関係・パートナーシップ」に効果のある土地（場所）です。先に紹介しました3か所と合わせて、全部で18か所あります。あなたは、どちらの6か所を選んで行かれるでしょうか。

左記の土地は、**その場所へ行くだけで効果が得られる**ため「GP」指定をしておりません。五感を研ぎ澄まし「場」を意識してみてください「あなただけのGP」を感じることでしょう。

藤三旅館

岩手県花巻市鉛中平 75−1

唐松神社

秋田県大仙市協和境下台 84

多賀城跡

宮城県多賀城市市川城前 36

天栄村役場季の里天栄

道の駅・福島県岩瀬郡天栄村大里天房 50-1

白根山

群馬県吾妻郡草津町草津

徳川慶喜お墓・谷中霊園

東京都台東区谷中 7-1-1

諏訪湖

長野県諏訪市諏訪湖畔

粟ケ岳世界農業遺産茶草場テラス

静岡県掛川市東山 1051-1

牟呂八幡宮

愛知県豊橋市牟呂町字郷社 1

大泉緑地

大阪府堺市北区金岡町 128

神倉神社

和歌山県新宮市神倉 1-13-8

八幡掘

滋賀県近江八幡市宮内町周辺

大塚国際美術館

徳島県鳴門市鳴門町土佐泊浦字福池 65-1

神ノ島教会

長崎県長崎市神ノ島町 2-148

開聞岳

鹿児島県指宿市開聞十町

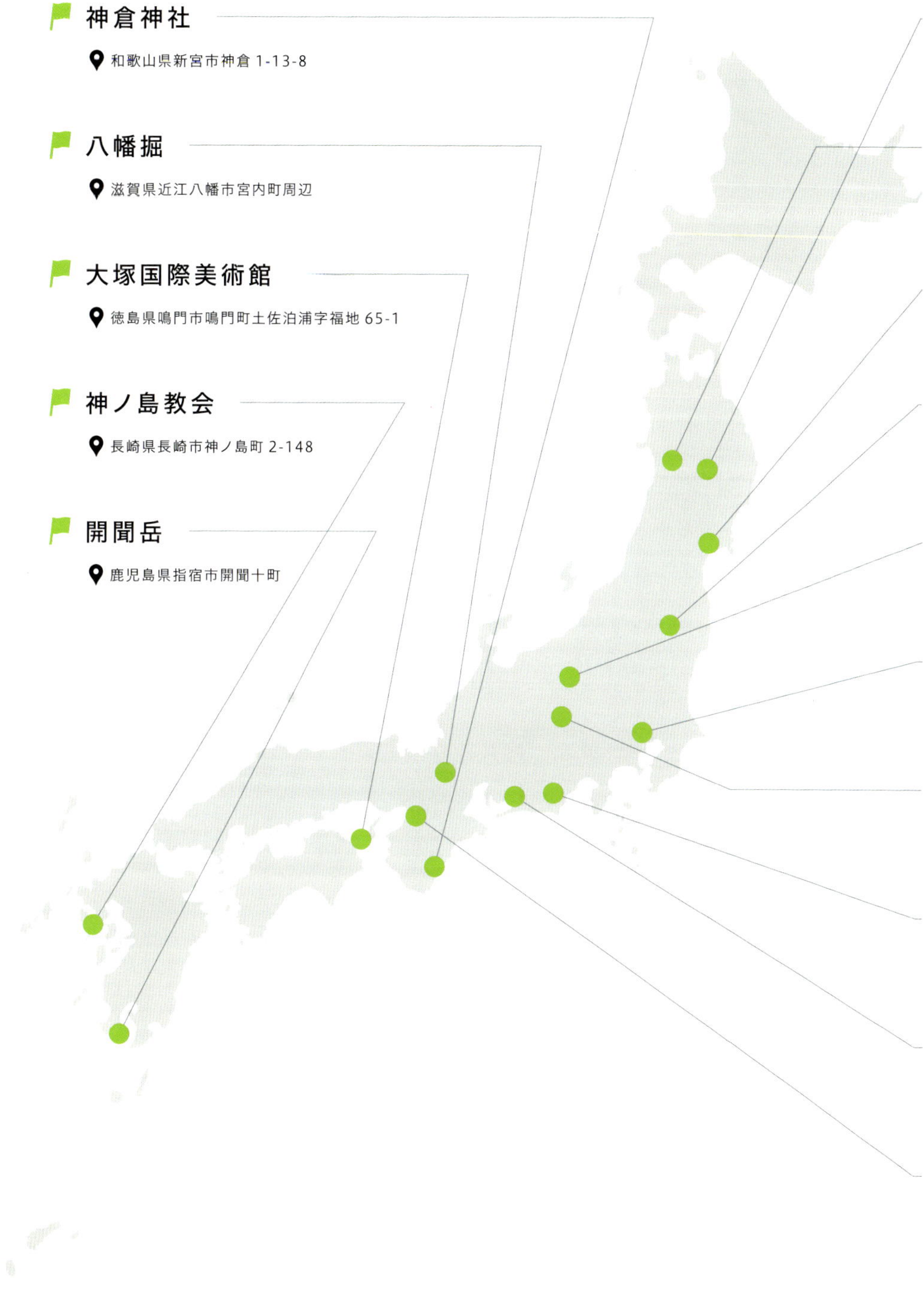

GROUND POINT

02

富・財産・お金

02

富・財産・お金

飛鳥時代の「富本銭《ふほんせん》」から、現代の私たちが使用している紙幣、硬貨になるまで、「お金」はいろいろな形状をとってきました。しかし、かたちのある現金としての「お金」は今後、猛スピードで存在感が薄くなっていくでしょう。既に、まったく現金を持ち歩かないひとが増え、現金を使えない店も出現してきました。さまざまなかたちに変化してきたお金は、今やその存在を見えない「キャッシュレス」という形態をとろうとしています。現物としてのお金が非現物のお金になったとしても、お金の概念はそのまま使われていくわけですが、見えて触れていたものが、見えず触れないものへと変わることは、お金に対する私たちの意識を大きく変えていくことでしょう。

　ところで、お金が欲しいと言うひとは多いですが、欲しいものの筆頭に挙げられるお金にはどんな「価値」があるのでしょうか？　かつての金本位制では、「お金」にではなく「金（キン）」に価値がありました。お金は「金（キン）」の代わりに動き回る紙と金属であって、「価値」そのものではありませんでした。現在の管理通貨制度下では、通貨の発行量は中央銀行によって調整され、増減されています。その担保となっているのは国内外からの「信用」です。日本でいえば日本に対する信用度が「円（¥）」の価格に反映されています。つまり、価値は「信用」ということになります。

かつては「金（キン）」に価値基準があり、現在は「信用」にそれが移行しています。管理通貨制度になって８０年近くが経った今、お金の形態は変わろうとしています。お金の裏付けはずっと同じではないこと、価値（担保）は変動することを知ったうえで、日常的に接している「欲しいものの筆頭」であるお金について、いま改めてひとりひとりが意識を向ける必要を感じます。

前置きが長くなりましたが、言いたいことは「お金に価値を感じる時代はもう長くはない」です（もう終わっているという見方もあります。ただし、これはお金の価値がゼロになるという意味ではありません）。

本項では「あなた自身の価値を見出しておく」ことをお勧めしています。その価値は「富・財産・お金」です。しかし、それらはまだちいさな「種」に過ぎません。種を大きく育てるには、あなたがその価値を社会に提供することです。それによって大きな「富・財産・お金」に換えることができます。「価値を見出す」などと言うと難しく感じるかも知れませんが、誰もが必ず「社会に提供するなにか」を持っています。それは、あなたが役に立たないと思っていることかもしれません。これから紹介する土地は、あなたの中にある価値を気付かせてくれると同時に、今ある「富・財産・お金」を高めることに力を貸してくれます。

GROUND POINT REVIEW

- 生駒山上遊園地・八大龍王（龍光寺）
- 御嶽山・御嶽山ロープウェイ
- 池田屋安兵衛商店・平和通り
- 他の場所紹介（15か所）

02 富・財産・お金

生駒山上遊園地・八大龍王（龍光寺）

・奈良県生駒市菜畑町 2312–1
・大阪府東大阪市山手町 2028

思いっきり「たのしんで」豊かさを手に入れる。

子どもたちのはしゃぐ声。生駒山上の週末は家族連れで大賑わい。

大阪府と奈良県にまたがる「生駒山上遊園地」は、標高642mの山頂にあり、1929（昭和4）年の開園から今年（2019年現在）で90周年です。長きにわたり、たくさんのひとへ「たのしい」を提供してきたこの場所は、生駒山の「勝ちエネルギー」と相まって、とてもパワフルです。GPは3か所あります。遊園地のシンボルである「飛行塔」（GP1）と「龍光寺」（GP2）、白蛇（GP3）の順です。

そびえる鉄塔の周りを、赤色と青色の飛行機型ゴンドラがくるくると回るアトラクションが「飛行塔」です。「『富・財産・お金』の項目でなぜ遊園地？　普通は神社参拝などでは？」と思われるでしょうが、この地は「社」が建っていないだけであって、神社相当またはそれ以上の地面力ある場所です。その力に「あることを加えて」あなたの心願成就に役立てます。飛行塔の乗りものチケットを購入し、子どもたちに混じって列に並びましょう。

ゴンドラは塔の周囲を回りながら徐々に上昇し、スピードを上げていきます。視界には、大阪平野や大和盆地が広がり、この遊園地が山頂にあることを改めて感じさせられます。

左回転を続けるゴンドラ上で思いきり全身に

感じてほしいのは、遠心力と風を切る体感覚です。リズミカルに変化する目の前の景色も、回転時の振動も、周辺から聞こえてくる音楽やひとの声も、なにもかもたのしく感じられるとよりベストです。童心に帰ってたのしんでください。

「たのしい」という情動は、ダイナミックにものごとを動かす力があります。変化を起こしたいときは「たのしむ」ことがとても重要です。そう、前述の「あることを加えて」とは、「たのしい」という情動と「回転」の動きです。全力でたのしみ、回転している動きを感じましょう。

次に向かう場所は、「龍光寺の本堂」です。

遊園地の園内に突如現れる「白水山龍光院」の案内板と旗。ちょっとした違和感があるので、すぐに気付きます。案内板と旗があるところから脇道に進むと「八大龍王」の石鳥居があり、そこからが「龍光寺」です。

心地よいスピードで回転するゴンドラ。あなたの中に潜在化している富・財産・お金に関する「負のイメージ」は、回転によって解放されていきます。生駒山の標高は 642m、飛行塔の高さは 30m、まるで空を飛んでいるような感じで、天候次第では遠く淡路島まで見えます。「たのしい！」という気持ちを大切に。

龍光寺境内は、時が止まったように静かで、冷んやりしています。苔むした石像、幾つかの小さな建物、点在する大きな石。遊園地で興奮した気分はいつしか落ち着き、話し声は自然と小さく、動きはゆっくりになってきます。

境内を一通り散策してから、GP2である「本堂」へ行きましょう。「本堂」の中はほぼ真っ暗で、2〜3人も入ればいっぱいになる広さ。濃厚な空気が充満しています（本堂内は撮影禁止）。

このGP2で、あなたの「富・財産・お金」に関する心願を想ってください。あなたのその心願が「現実化した様子」を想い浮かべるのです。お願いをするのではなく、既に叶った様子を想うことがポイントです。

最後は、「富・財産・お金」にふさわしい、いかにも分かりやすい象徴です（GP3）。「白蛇」と表札がかかった小屋へ行きましょう。中を覗くと、絵に描いたように綺麗なとぐろを巻いた真っ白な蛇がいます。実際に生きている白蛇をお祀りしているところは少ないかと思います。赤い目、真っ白で張りのある太い胴体。じっくりと観察し、あなたの目に白蛇を焼き付けましょう（白蛇は撮影禁止）。

鳥居奥のずらりと並んだ灯籠に吸い寄せられるようにして寺の境内へ。飛行塔でぐるぐる回転し動かしたエネルギーを定着、増幅させてくれる場です。既に「望みは叶った」というイメージを持ちながら散策しましょう。

生駒山上遊園地のシンボルである「飛行塔」は、第二次世界大戦中、海軍航空隊の防空監視所として利用されました。塔の基礎部分と塔体は 90 年前の開園当時のままで、日本国内に現存する大型遊具としては最も古いものです。

生駒山と信貴《しぎ》山の尾根を結んでいる「信貴生駒スカイライン（有料道路）」のドライブが可能であれば、行かれることをお勧めします。この辺一帯の土地はとてもパワフルです。ドライブしながら吸収しちゃいましょう。

GROUND POINT REVIEW

GP1

生駒山上遊園地の飛行塔

GP1での過ごし方

回っているときの「体感覚」をしっかり意識して感じるようにします。そして、とにかく「たのしむ」ことが重要です。

GP1滞在時間

飛行塔1回(それ以上でも可)に所要する時間に準じます。

GP2

龍光寺の本堂

GP2での過ごし方

本堂内で、あなたの「富・財産・お金」に関する心願を想います。そのとき「既に心願が叶った様子」をイメージするとよりよいです。

GP2滞在時間

3分以上

GP3

龍光寺の白蛇

GP3での過ごし方

小屋のガラス窓越しに「白蛇」を見られます。白蛇が起きていれば、目が合うかもしれません。白蛇の姿を目に焼き付けましょう。

GP3滞在時間

自由

遊園地は平地よりも気温が 3～4 度ほど低いです。季節によっては防寒対策をしてください。
遊園地の他の遊具を楽しむことはもちろんOKですが、その場合、龍光寺に行く直前に飛行塔に乗りましょう。
龍光寺の本堂の中と「白蛇」は撮影禁止です。
信貴生駒スカイラインをドライブすると、より効果が高まります。

02 富・財産・お金

御嶽山・御嶽山ロープウェイ

長野県木曽郡

現実化のパワーがみなぎる土地。

御嶽山は、長野県木曽郡木曽町、王滝村と岐阜県下呂市、高山市にまたがる標高3067mの5峰5池を擁した活火山です。

ものごとが現実化、具現化する際に欠かせない「火」と「土」の要素がぎっしり詰まっているこの土地は、「富・財産・お金」関連の望みと相性がよいため、これらに望みを持っているかたはぜひ訪れてほしい場所です。

GPは2か所あり、どちらも7合目に位置しています。

7合目までは「御嶽山ロープウェイ」に乗って行きましょう。

御嶽山ロープウェイは全長2333mで、御嶽山の5合目から7合目まで標高差580mを15分ほどかけてゆっくりと登っていきます。ゴンドラは6人乗りのカプセル型で、坐って景色をたのしむことができます。

ゴンドラからの眺めは素晴らしく、天気がよければ木曽駒ヶ岳や中央アルプスの他、乗鞍岳《のりくらだけ》や穂高岳《ほたかだけ》、槍ヶ岳《やりがだけ》を擁する北アルプスや八ヶ岳などの山々が望めます。また、紅葉の季節であれば雄大な山肌と、赤や黄に色付いた木々を楽しめます。

ロープウェイの終点である「飯森高原駅」(標高2150m)に到着すると、冷んやりとした涼しい風が出迎えてくれ、周辺の山々の稜線の美しさが目に飛び込んできます。

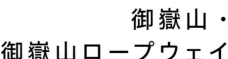

GPへ向かう前に、まずは「御嶽社」で参拝をしましょう。

GP1は、社を背にして左斜め前にある、屋根付きベンチです。

ベンチに坐って呼吸を整え、その場にあなたを馴染ませましょう。気分が落ち着いたら、目の前に広がる山々に視線を移します。

中央アルプス、北アルプス、乗鞍岳……大パノラマを180度、しっかりと眺めます。その際、山の名前を知っている必要性は特にありません。気持ちよく眺めてください。

稜線にあなたのこころを合わせるように、山々とあなたのこころが添うような感じ（気分）になるまで、しばらく坐って眺めましょう。あなたのこころがパーッと広がってくるのを十分に感じてください。

GP1でこころが広がる感覚を得たら、その感覚をキープしながら次のGP2へ移動します。

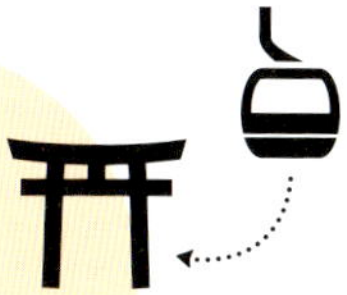

ロープウェイを降りたらGPへ行く前に御嶽社にご挨拶しましょう。（奥社はここから900mほど上にあります、行かれたいかたは登山道に入ってください。頂上付近の天候はかなり変わりやすく、岩がゴロゴロしている足場なので登山される場合はしっかりした準備が必要です）

GP2は、GP1から見えている「屋上展望台」です。

鏡を張り巡らせた「ミラーデッキ」へ移動したら、御嶽山と向かい合う姿勢を取りましょう。先ほどまであなたが坐っていたベンチ（GP1）や御嶽社、さらには視界いっぱいに御嶽山の頂上が見えている状態を作ります。

そして、その場にしばらく立っていましょう（または坐ります）。

御嶽山をあなたの胸部全体で受け止めるようなイメージをしてください。あるいは、御嶽山のエネルギーがあなたの胸部に向かってなだれ込んでくるようなイメージでもよいでしょう。そして、同時にあなたの「富・財産・お金」に関する心願を想いましょう。既にその心願が叶ったつもりになることをお勧めします。

GP1、GP2共に大切なことは、「ハートをオープンにすること」です。気持ちいい、綺麗だ、美しい、嬉しいと感じているとき、ハートはオープンになります。考えようとせず「感じよう」とすることに重点を置きましょう。

目の前に広がる稜線がたいへんに美しいです。ベンチに腰を下ろし、2,150mからの眺めと空気をゆっくり味わいましょう。展望カフェもお勧めです。

御嶽山の7合目、ロープウェイを降りた出入り口のところに「血液型占い」の販売機。なぜ？ あまりにも唐突な感じがして、思わずパシャリ。神社仏閣によくある「おみくじ」的な役割なのかな？

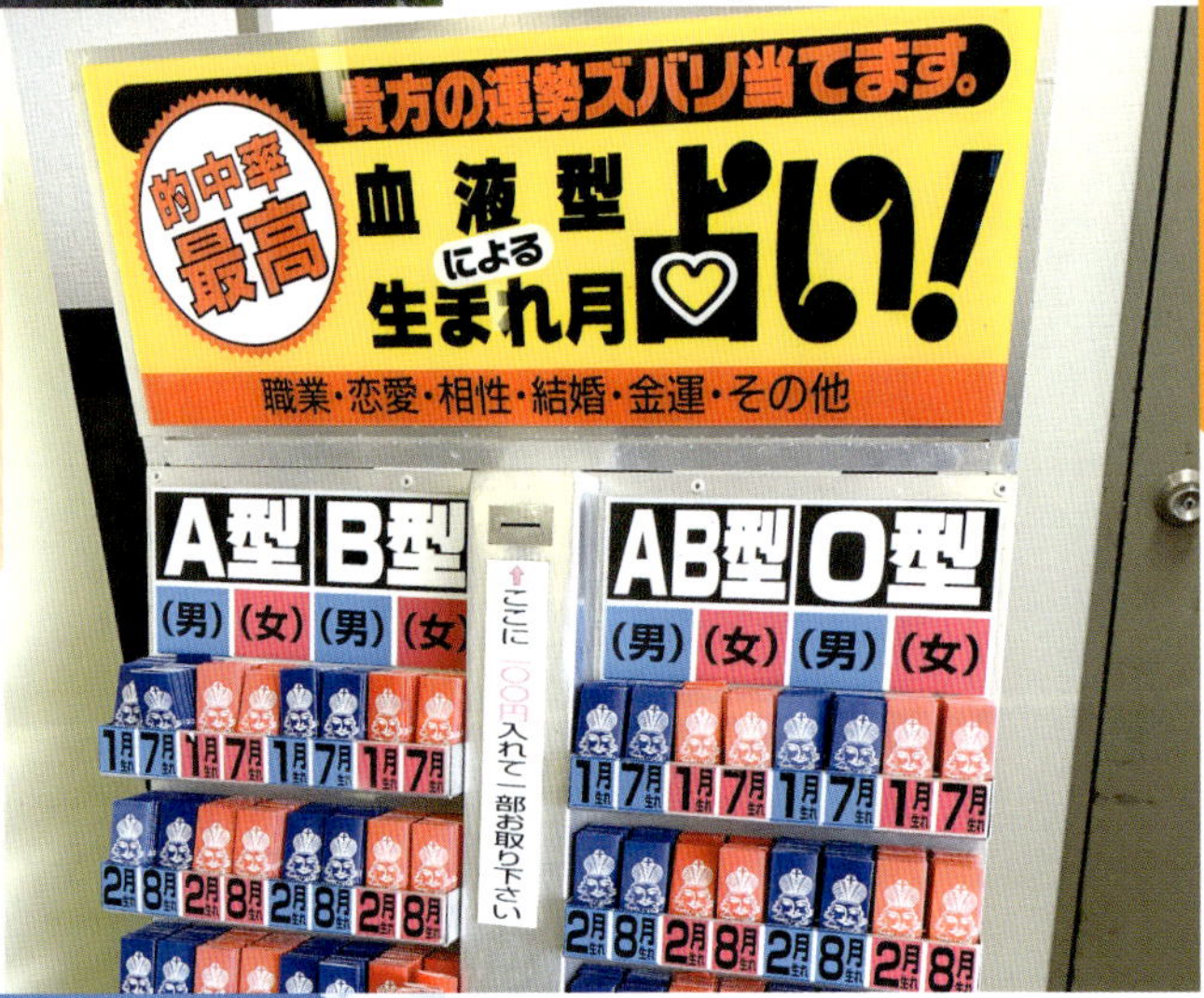

ミラーデッキからの眺め。御嶽山頂上から吹き下ろしてくるような強烈なエネルギーをあなたの全身でキャッチしましょう。天候によっては、「日本一の高さから流れる名瀑」といわれている「まぼろしの滝」を見ることができます。

GROUND POINT REVIEW

GP1　御嶽社を背にして、左斜め前にある屋根付きベンチ

GP1での過ごし方　本文参照

GP1滞在時間　5 分以上

GP2　屋上展望台

GP2での過ごし方　本文参照

GP2滞在時間　5 分以上

ロープウェイ運行期間や時間を事前に調べておきましょう。
山の天気は変わりやすいので、雨具の準備や寒さ対策をしておきましょう。

02 富・財産・お金

池田屋安兵衛商店・平和通り

富山県富山市堤町通り 1-3-5

富と福を吸収しよう。

富山駅から地鉄市内電車に乗り、「西町」で下車。そこからすぐに目的地の「池田屋安兵衛商店」と「平和通り」があります。

唐突ですが、あなたは「福の神」を感じたり、見たことがあるでしょうか。福の神とは、個人の家や商売をしている建物などで見かける「精霊」のような存在で、比較的古い建物や「氣」のよい土地（場所）にいます。大別すると「元気さわやか系」福の神と「ひっそりほほえみ系」の福の神がいて、前者はトイレや玄関（入口）、階段で見かけ、後者は茶の間や客間など、ひとが集う空間の端で見かけます。

池田屋安兵衛商店には「ひっそりほほえみ系」福の神がいます。また、建物周辺の地面力も強いです。「富・財産・お金」にふさわしいGPのため紹介します。

富山といえば「越中富山の薬売り」です。世代や地域によって「配置薬」に馴染みのあるひと、そうでないひとがいると思いますが、江戸時代の初期に端を発する富山の「配置薬」システムは、薬売りの商売哲学「先用後利《せんようこうり》」（役に立つのが先で利益は後）が根底にある商いです。商品を先に渡しておき、使った分の薬代は後払いするこのやり方は、当時かなり独特で革命的な業態だったことでしょう。

「先用後利」とことばで言うのは簡単ですが、それを実行し、成果を出してきたのは並大抵なことではなかったと想像できます。「両者をつなぐものは信用である。信用（信頼）すること、されることに価値があり、その価値が結果的に利益となる」という考えは完全に功を奏し、誰もが得をして、誰もがハッピーになることを実現させました。

　和漢薬種問屋の池田屋安兵衛商店も「先用後利」で発展してきましたが、なぜこのお店に福の神がいるでしょうか。その理由は、

①新鮮で滋養、効能の高い生薬を取り扱っていること（高品質）
②土地自体の氣のよさ（地の利）
③働いている人々の心根（善良）
④実行してきた「先用後利」（行動）

の4つが挙げられます。

　この4つには、「自分次第で変化可能なこと」と「そうでないこと」があります。「そうでないこと」は「地の利」です。絶対に無理というわけではありませんが、他の3つと性質が違い、個々人の関与

実際に使用されていた道具の展示に釘付けとなりました。薬をいっぱい詰めて背負った「柳行李」や5つ玉のそろばん、水筒の役目を果たした「ひょうたん」からは、当時の売薬さんの息遣いや想いが聞こえてきそうです。

が及びにくいところです。地の利とは、もともとの地形や地質からくる土地の有利や優位性のことで、その影響力は思っている以上にあります。当然、「富・財産・お金」となる「結果・実り」にも大きく関係してきます（ビジネスマンの使用する「地の利」の意味とは多少の違いがあります）。また、この土地の上に積み重なっている信用や信頼といった「目には見えないけれど価値あるもの」のエネルギーに触れることも、あなたの「富・財産・お金」に関する望みを後押ししてくれます。

　土地のエネルギーのよさは、池田屋安兵衛商店のある場所だけではなく、「この周辺一帯」です。お店の前の大通り「平和通り」は富の通り道です。お店から平和通りを真っ直ぐ西へ1・5kmほど進むと、「富山縣護國神社」に突き当たります（徒歩で25〜30分）。あなたの心願を想いながらこの通りを歩き、「富」のエネルギーを吸収しましょう。他に、富山城址公園《とやまじょうしこうえん》もたいへんお勧めの土地です。

【余談】

　池田屋安兵衛商店にある小袋入りの薬のパッケージがとても魅力的です。たくさん種類があって迷いましたが、私は腹痛、頭痛、歯痛に対応しているものを購入しました。

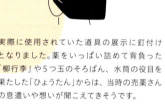

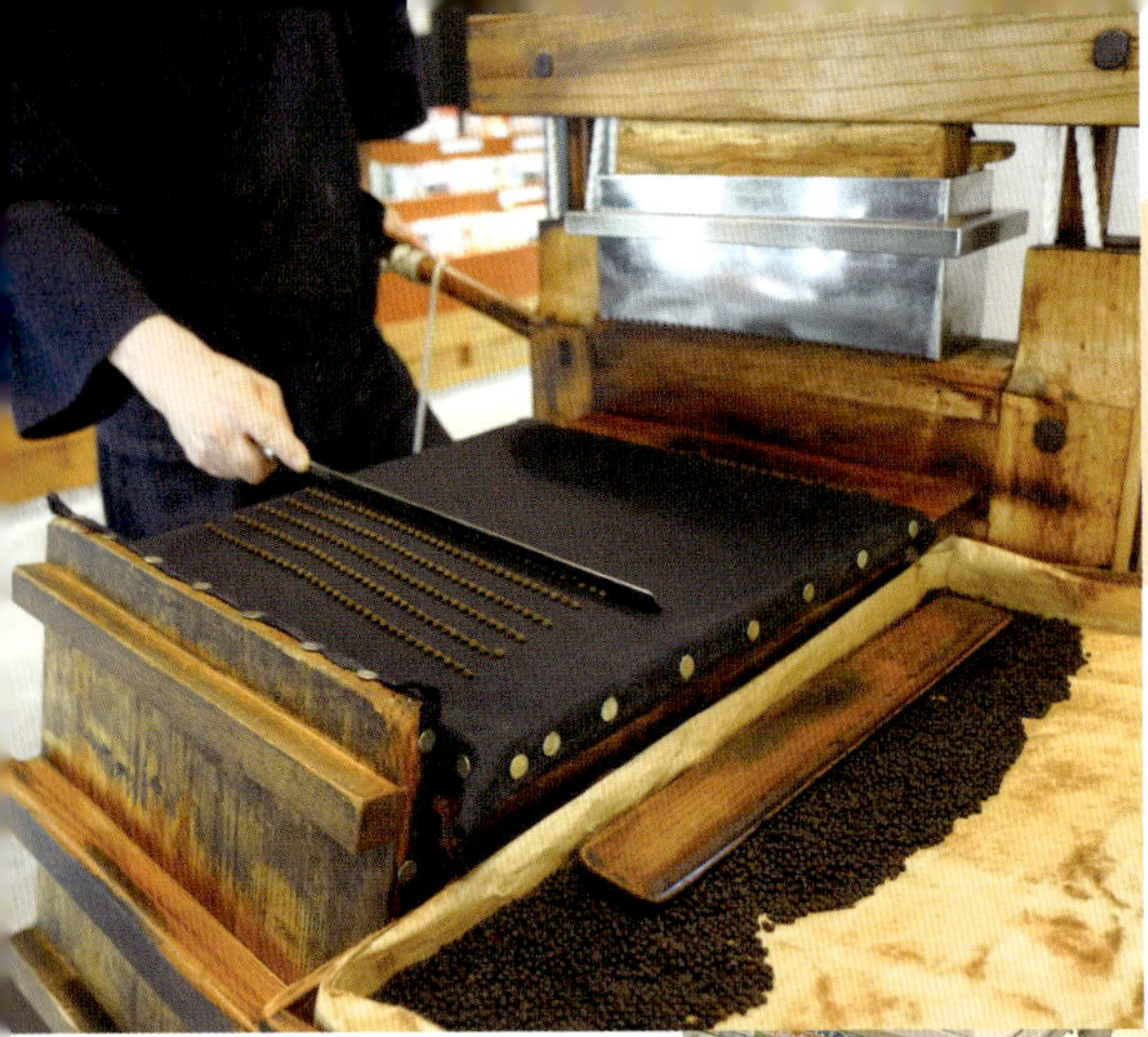

生薬の香り漂う店内で丸薬製造の無料体験ができます。はじめに店員さんが簡単そうにお手本を見せてくれるのですが、当然のことながら「見る」と「やる」とでは大違い。つぶれてグチャグチャな出来映えを皆で笑い、盛り上がれます。ぜひ体験してみて！

富山地鉄市内電車の車内。富山駅から南富山駅まで南北に走る電車内からの景色を見て「どうしてここが富・財産・お金の項目？」と思われるかもしれませんが、土地のパワーにはサイクルがあり、一旦収束したエネルギーは時を経て再び活性化します。GP は正にそのような土地です。

池田屋安兵衛商店からほど近いところに、ひときわ目を引く建物「TOYAMA キラリ」があります。特徴あるその外観はアルミ、ガラス、白御影石が使われており、光を反射してキラキラとしています。建物内には富山市ガラス美術館、市立図書館、銀行、カフェが入っており、吹き抜けの明るい館内が上品です。

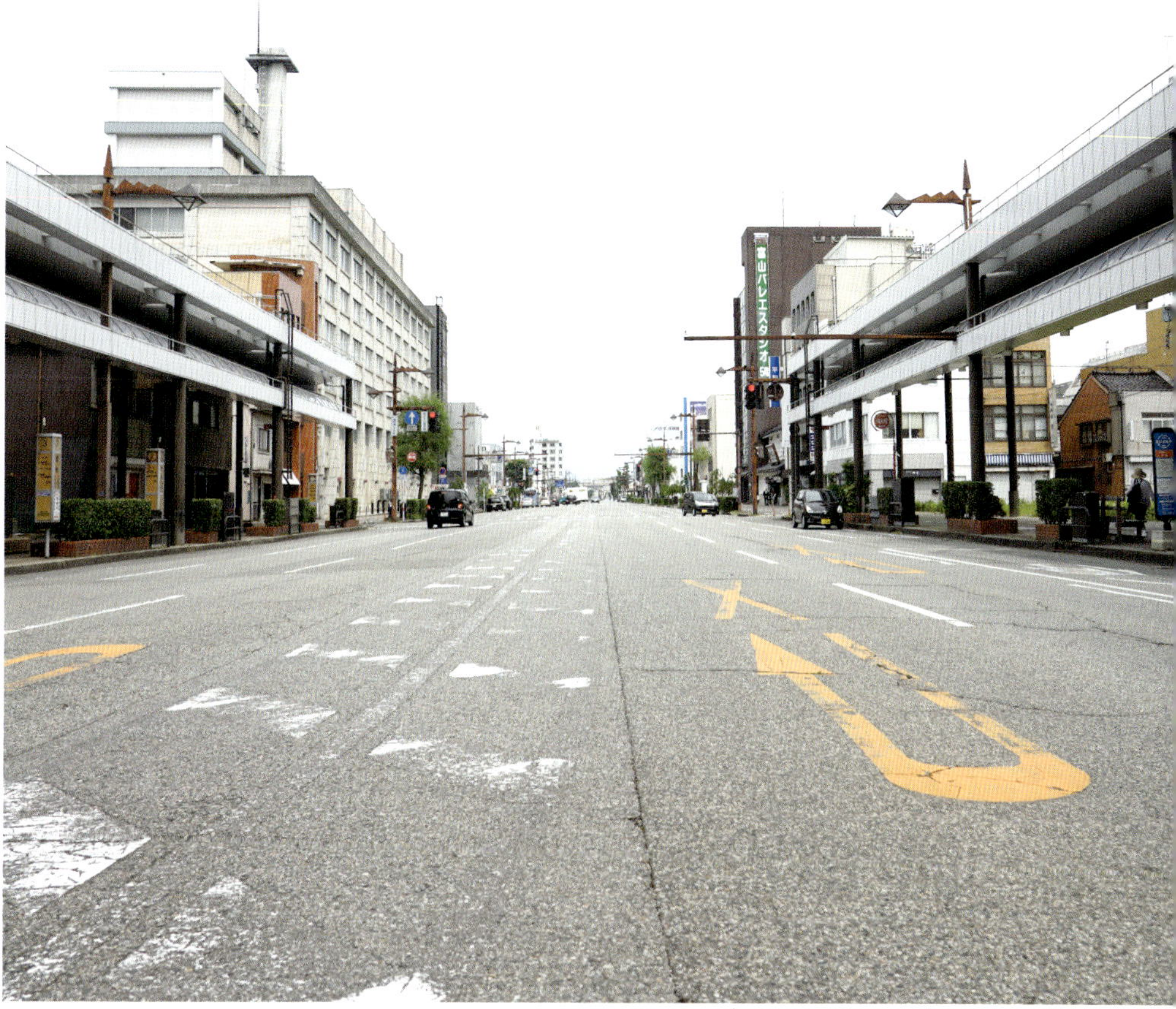

GP	平和通り（池田屋安兵衛商店は、写真右側の茶色いビル手前に位置）
GPでの過ごし方	店内では買い物や食事（2階は食事処）、丸薬製造体験をするなどして過ごしましょう。 平和通り（池田屋安兵衛商店から、富山縣護國神社までの約1.5km）も歩きましょう。
GP滞在時間	自由

お店は観光地ではありません。お店の迷惑にならないよう気を付けましょう。

02 富・財産・お金

他の場所

「富・財産・お金」に効果のある土地(場所)です。先に紹介しました3か所と合わせて、全部で18か所あります。あなたは、どちらの6か所を選んで行かれるでしょうか。左記の土地は、**その場所へ行くだけで効果が得られる**ため「GP」指定をしておりません。五感を研ぎ澄まし「場」を意識してみてください「あなただけのGP」を感じることでしょう。

龍泉洞

岩手県下閉伊郡岩泉町岩泉神成 1-1

神長官守矢史料館

長野県茅野市宮川 389-1

榛名山

群馬県高崎市榛名湖町

茶臼岳

栃木県那須郡那須町湯本

筑波宇宙センター

茨城県つくば市千現 2-1-1

飛騨高山「古い町並」

岐阜県高山市上一之町

久能山・日本平水祝神社

静岡県静岡市清水区草薙 597-8

犬山城

愛知県犬山市犬山北古券 65-2

五個荘金堂

滋賀県東近江市五個荘金堂町地区

竹生島・竹生島神社

滋賀県長浜市早崎町 1665

仁徳天皇陵

大阪府堺市堺区大仙町 7

橋杭岩

和歌山県東牟婁郡串本町くじの川

椿大神社

三重県鈴鹿市山本町 1871

帝釈峡

広島県神石郡神石高原町

八重垣神社

島根県松江市佐草町 227

GROUND POINT

03

健康

03

健康

健康に対するひとびとの意識は近年高まっているように思いますが、あなたはいかがですか？

これまでは「具合が悪くなってから」「自覚症状が出てから」医師や専門家の診察・アドバイスを受けるのが一般的でしたが、これからは「具合が悪くなる前に」自分の健康管理をする傾向が強まってきます。そのため、今後ますます「予防医療、予防医学、統合医療」などの利用頻度は上がり、積極的、多角的に「健康」をとらえていくようになるでしょう。

世界保険機関（ＷＨＯ）憲章には、「健康とは、病気ではないとか、弱っていないということではなく、肉体的にも、精神的にも、そして社会的にも、すべてが満たされた状態にあることをいいます」（日本ＷＨＯ協会訳）とあります。健康は部分的に判断できるものではなく、ひとを取り巻くほとんどすべてのことが関連しているということです。この幅広い「健康」について、どんな土地を紹介するのがよいか、どこを焦点にしたらよいかと考えた結果、「肉体の基本的生命力の活性化」を目的とするエネルギーが得られる土地を選びました。精神的、感情的、社会的な健やかさは、健康を維持する上で重要であることは言うまでもありません。しかし、本書では、改めて「肉体」に目を向けることを大切にします（肉体、精神、感情は切り離すことができないので、「肉体だけ」活性化する土地というわけではありません）。

基本的生命力とは、呼吸や排泄、睡眠、食、飲水、性、逃避、闘争などに関わる力のことで、これらが「肉体的健康」の基礎、土台となります。きょうも呼吸はスムーズに行なわれているか、排泄は適切か、眠りの質はどうかなど、毎日の生活で「意識する」ことを習慣付けるだけで、大きな「健康管理」になります。不思議なことに、肉体は意識を向けるだけで目を見張る変化を起こします（手で触ると更によいです）。

有益な情報を個人で簡単に手に入れられるようになった昨今。喜ばしい反面、あまりの選択肢の多さに困惑して、「どうしたらよいのかわからない」ということもあります。そのようなときに指針として心に留めておくとよいのが、「自分にとっての健康とはなにか」という自分なりの考えです。ひとは「なにが正しいのか、正解なのか」を追ってしまいがちですが、外に正解を探しはじめると情報に振り回され、本来の目的である「健康」を見失ってしまうこともあります。基本的生命力を意識する習慣と、自分にとっての健康とはなにかを考えることは、あなたがあなたとして生きられる鍵となります。

GROUND POINT REVIEW

- 御墓山
- 十和田湖・奥入瀬渓流
- 龍門の滝
- 他の場所紹介（15 か所）

03　健康

御墓山

鳥取県日野郡日南町阿毘縁《あびれ》

根源的生命エネルギーの活性化。

島根県と鳥取県の県境、船通山の北にある「御墓山」は比婆山伝説の山です。

「イザナミノミコトは、出雲の国と伯耆の国との境、比婆山に葬りし」と古事記に記されている比婆山とは、まさにこの山ではないかと有力視されている場所です。

米子から県道１０１号線、９号線を車でひた走り、１０７号線の大菅峠の手前に「御はか山」という文字が刻まれた石碑と説明板があります（すこし分かりにくいところにありますから、「大菅峠」を目指されるとよいです）。ここから御墓山に入っていきます。

田畑が点在するのどかな山道をしばらく進むと、杉林が見えてきます。この杉林から一気に辺りの空気が変わり、「見えないベール」や「結界」を感じることでしょう。入山の際には必ず立ち止まり、「ご挨拶」するのを忘れないでください。通りの両脇に生えている木々は、神社でいうところの狛犬の役割を果たし、入山する者をしっかりと見ています。あなたがここへやって来た目的（心願）を、この入口の場所で伝えておくとよいでしょう。

杉林を抜けると、平坦だった道はしだいに上り坂になり、そのまま沢沿いを３０～４０分ほど歩きます。山中では、丸太の橋を通って沢を渡ったり、

小さな滝を目にしたり、岩から岩へ飛び移るなど、ほどよいトレッキングをたのしむことができます。足元のふかふかした腐葉土が全身に心地よい振動を与え、水や苔、樹木からの匂いで気分はリフレッシュし、鳥の鳴き声、枯葉を踏む音、自身の鼓動や呼吸音などからは「いのち」を感じることでしょう。最初に通過した杉林のピリリと張り詰めた空気とは違い、山中はとても優しく穏やかな雰囲気で、なにかに守られ、包まれているような安心感があります。イザナミノミコトは「母」の象徴ですが、この山はまさに「母」を感じる、そのようなエネルギーで満ちている土地です。「いのち」を与え「育み」「強く」する、いわば「子宮」のエネルギーです。山中では常にあなたの「健康」に関する心願を想っておくようにしましょう。

尾根に辿り着いたら右へ進み、石造りの小さな祠を見つけましょう。この祠の場所はGPではありませんが、落ち着いて瞑想するのに適しています。小休憩をかねて地面に坐るとよいです。御墓山の頂上はここから3~4分ほど登ったところにあります。最後はやや急勾配ですが、距離は短いです。

この木立ちの間から入山します。ピリリと張り詰めた空気と複数の視線を感じて立ち止まりました。ここで今一度、「健康に関する私の心願・望みはなにか?」を整理する時間を持つとよいでしょう。

御墓山頂上には、自然が作ったとは思えないほど形を整えて枝葉を冠状に伸ばした、背丈の低いイチイの木が1本立っています。頂上のスペースは狭く、ほぼ全体がイチイの木で占められているといった感じです。

GPであるこの場所で、安定して坐れる場所を確保し、呼吸を整えてください。それから、坐っているあなたのお尻を意識しましょう。お尻から御墓山の地面を感じてください。そして、お尻で呼吸をしているような「イメージ」をします。そのまま15分ほど続けます。御墓山とあなたが「一体化」したような感覚になるまで続けるのが理想ですが、「一体化」ってどうしたらよいのだろう?と頭で考えてしまうようなら、ただただリラックスして、静かに15分坐っているだけでよいです。

御墓山は「基本的な生命力」「本能的な欲(食・性・睡眠)」の安定が得られる場所です。山中を歩いている際には「心願」を想い、坐った際には「お尻を意識し、地面を意識した呼吸」をしましょう。

沢伝いに奥へ上へ。足場はあまりよくありませんから、履きなれた靴で行きましょう。平坦な道ではありませんが、ゆっくり歩けば問題なく頂上まで行けます。一歩一歩、大地を踏みしめる足の感覚を意識しておくと、より一層「健康パワー」が増幅します。

ちいさな祠がある場所から頂上へ向かう山道は、どことなく神々しさを感じます。ここまで来たら頂上はもうすぐそこです！ 山頂は「火」のエネルギーです。十分に感じてみましょう。

御墓山の頂上は、4〜5人もいればいっぱいになる広さです。見晴らしのよさはありませんが、力強い大地のエネルギーが充満している場所です。肉体に活力を与え、細胞を整え、あなたの根本的生命力が活き活きとしてくるのを感じることでしょう。

GROUND POINT REVIEW

GP	御墓山頂上
GPでの過ごし方	坐れる場所を確保し、お尻（または第 1 チャクラ）と地面を意識しながら呼吸をします。このとき、お尻から息を吸ったり吐いたりしているような「イメージ」を持ちましょう。
GP滞在時間	15 分以上

登山道は沢と交わるところが数か所あり、滑りやすいです。履きなれた歩きやすい靴、動きやすい服装で行きましょう。

坐るための敷物を持参するとよいです。

03 健康

十和田湖・奥入瀬《おいらせ》渓流

青森県十和田市奥瀬

よみがえる細胞。

十和田八幡平国立公園の一部である「十和田湖・奥入瀬渓流」は北を代表する景勝地です。周辺には泉質のよい温泉地が幾つもあり、また新緑や紅葉の名所でもあるため、年間を通して多くの観光客が訪れます。

十和田湖、奥入瀬渓流のGPは複数あります。肉体的、感情的な健康をメインにGPを活用されたいかたは「奥入瀬渓流」（GP1）を、非肉体的な健康（精神や第六感的な部分）をメインにGPを活用されたいかたは「十和田湖」（GP2、3）を重視されるとよいでしょう。

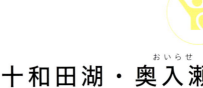

奥入瀬渓流は、十和田湖の東側にある「子ノ口《ねのくち》」から焼山まで約14km続く、美しい渓流です。GP1は「三乱《さみだれ》の流れ」とその近辺の遊歩道、そして「雲井の滝」です。これらは十和田湖からのエネルギーが充満するパワーポイントです。遊歩道をできるだけゆっくりと歩き、濃密なエネルギーを取り入れましょう。岩や石、樹木に生える「苔」に注視しつつ「鼻呼吸」を行なうとよいでしょう。体内を巡った空気が呼気として体外へ排出されることを意識します。この意識的呼吸によって、あなたの細胞は調えらされ、活性化していきます。

雲井の滝では滝壺の近くまで行き、水分をたっぷり含んだ空気を肺いっぱいに送り込む「深呼吸」を数回しましょう。余裕があれば「銚子大滝」へも足を運んでください。穏やかな流れの奥入瀬渓流の違った一面、自然の力強さや包容力を感じられ、

あなたが元来持っている生命力や活力が湧き上がってくるのを体感できます。奥入瀬渓流は、あなたの細胞をよみがえらせるパワーのある場所です。

十和田湖は、青森県と秋田県にまたがる湖です。GPは2か所（GP2、GP3）あります。

まず、御倉半島の延長線上、湖の真ん中よりやや東側寄りの辺りに、頭を2つちょこんと突き出している「御門石」があります。見かけは「ちょこん」ですが、実際は直径620m、高さ70mの溶岩ドームです。水位の下がる夏季であれば水面にちいさな頭部を見ることが可能ですが、基本的に「湖内にある」ため見えません（直接行く場合はモーターボートやゴムボートなどを使用します）。そのため、この御門石には遠隔アプローチをします。

十和田名物の「バラ焼き」。牛のバラ肉をタマネギと一緒に炒め、甘辛いタレで味付けしたご当地料理です。その土地の名物を食すのもグランドトラベラーの大事な務め（?）です。お肉が苦手なかたは「ひめます」や「せんべい汁」がお勧めです。

遠隔アプローチの場は「小畳石」で、ここがGP2です。小畳石は、子ノ口から御鼻部山方面へ700mほど行ったところにあります。

小畳石に到着したら御門石の方角に向き、あたかも御門石が見えているかのように視線を送ります。あなたのおでこからレーザー光線が出て、御門石に届いている様子をありありとイメージしましょう。天候などによって小畳石に降りられない場合は、安全を最優先して小畳石付近から御門石方向を見ましょう。

GP3は「レークサイド山の家」（＝秋田県鹿角郡小坂町十和田湖銀山1−7）付近の「水辺」です。ほどよい岸辺があります。あなたが落ち着ける場所を見つけて腰を下ろし、水の音に耳を傾けてください。その際、全身の「皮膚」で音を聴くように意識します。ただただリラックスして、水の音に集中します。神秘的で贅沢な時間を過ごせるでしょう。湖全体のエネルギーと完全につながることができ、あなたの「脳幹」部分が活性化されていきます。

十和田湖へ行かれたら「十和田神社」にはぜひご参拝を。重厚、濃厚なエネルギーに満ちた、よき神社です。安全面の事情から「占場」の急な鉄階段を登ることができないのは残念ではありますが、「パワースポット」の名にふさわしい場です。

奥入瀬渓流を散策する際にもっとも大切で、意識してほしいことは「呼吸」です。意識的に呼吸をしながら、木々や苔、水、岩の匂いや音を感じ、景色を堪能しましょう。あなたの五感をフルオープンに！

渓流を、ただぼうっと眺めているだけの時間を取ってみてください。なにも考えず、無になれる時間を自分に与えてあげましょう。

GROUND POINT REVIEW

GP1 奥入瀬渓流：三乱の流れ、遊歩道、雲井の滝（余裕があれば銚子大滝）

GP1での過ごし方 本文参照

GP1滞在時間 三乱の流れ、遊歩道、雲井の滝の 3 か所をトータルで 60 分以上（銚子大滝 10 分以上）

GP2・3 十和田湖：御門石（御門石は湖の中にあり、水かさが少ない夏季であれば頭部を見ることができます。直接行くことも可能で、その場合はモーターボートやゴムボートを使用します。各自、事前にお調べください）

GP2・3での過ごし方 十和田湖 GP2（小畳石）本文参照
十和田湖 GP3（「レークサイド山の家」付近の水辺）本文参照

GP2・3滞在時間 十和田湖 GP2（小畳石）4 分以上
十和田湖 GP3（レークサイド山の家」付近の水辺）15 分以上

日常のことは一旦わすれて、自然を満喫しましょう。

03 健康

龍門の滝

大分玖珠郡九重町松木龍門

五感を解き放つ。

大分県玖珠郡九重町にある2段落としの「龍門の滝」は、子どもたちの滝すべりが夏季の風物詩になるほど滑らかな滝です。1段目は落差20mの「これぞ滝」という様相ですから滝すべりはできませんが、2段目は天然のウォータースライダーになっており、大勢のひとびとにたのしまれています。「健康」に関する心願でこちらを訪れたグランドトラベラーは「滝すべり」をたのしむこともよいですが、以下のことをGPで行ないましょう。

まず、龍門の滝全体のほぼ中央に位置するGPに立ちます（または、しゃがみます）。足元が安定していることを必ず確認してください。次に五感の1つ1つに意識を向けましょう（「GPでの過ごし方」参照）。それから、1段目の滝の右端（勢いよく水が落下しているところ）を、なるべく視線を動かさずに「じーっと見ます」。そのまま30秒ほど凝視しましょう。その後、滝を見ていた視線を別のところに移します。

滝から視線をそらした瞬間、周りの景色が「ぐわんぐわん、ぐにょぐにょ」に歪み、日常では経験したことのない視界が広がります。

これは「滝の錯視」ともいわれ、運動残効の現象です。一方向の動きを見続けると、静止しているものが逆の方向に動いているように見えるという、目の錯覚の一種です。身体的不具合を特に抱えていない人の場合、五感から得る情報のうちもっとも

高い率を占めているのは「視覚」です。その完全優位な視覚が「予期していなかったことをとらえる」と、その人の脳は「はっ！」とします。

　私たちは普段、ものを見ているようで実際にはあまり見てはいません。ぼんやりと印象をとらえてはいるものの、かつての似たような事象の印象と、今の印象をつぎはぎして輪郭を作り上げ、適当な補足も加えて「画」にしています。つまり、「今見ているもの」ではなく、「過去見たもの」を見ているということです。過去に見たもの自体も「自分が見たいように見たもの」であったりするので、事態はわりと複雑(?)です。

　「はっ！」とする視覚体験。これを体験している瞬間は、ある意味、視覚が「覚醒」しているときです。過去に見たものを今に投影した「見た」ではなく、今まさに「ありのままを見る」ことができた瞬間になります。

駐車場から滝へ向かう道には清々しい空気が流れ、この先にある滝への期待を膨らませてくれます。途中、お寺へ続く道とに枝分かれしていますが、どちらの道を進んでも滝に辿り着けます。

誰もが五感によってこの物理世界の情報を収集していますが、日常生活をルーティーンにしておくと、かつて体験や経験したことの中だけに閉じ込められて、物理的にも非物理的にも「収縮方向」になります。思考も感情も肉体もすべて収縮(狭く、ちいさく)してしまうのです。

　健康的で健やかであることを維持、促進するには、「新しいこと」を自分に与えるのが非常に有効です。常に新しいことを取り入れているひとは、若々しく映りませんか。未体験、未経験のことを行なえば、脳の怠慢を避けられ、活性化を促します。

　この地を「健康」項目で紹介するのは、運動残効ができることもありますが、筑紫溶岩台地の強い陽性エネルギーと、子どもも大人も集まって、ワイワイと賑やかにたのしむエネルギーが積み重なった、非常にポジティブな空間であること、滝周辺の森にはノームやコロポックルのような精霊・地霊が住み、純度の高い土地であることが理由です。

　龍門の滝で感覚を刺激し、あなたの五感をひらいて健康を促進させましょう。

1 段目の滝は、ほぼ垂直な平面を流れ落ちて水の壁を作っています。右手の勢いよく流れ落ちる滝が、辺り一面をミスト状の水で潤おしています。滝壺の縁に立って、全身でこのミストを浴びましょう。

2 段目の滝は天然のウォータースライダーになっています。夏季には大勢の子どもや大人が水遊びをたのしみます。水は「いろんなもの」を落としてくれる作用がありますから、心身共に軽やかになります。たのしく遊びながら浄化し、健やかになるなんて最高です。

水量の少ない時期に取材したため誰もいなくて寂しげですが、静かに落ち着いて「健康」にフォーカスしたいかたには、夏季以外の時期がお勧めです。足元が滑りやすいので、その点は十分に注意しましょう。

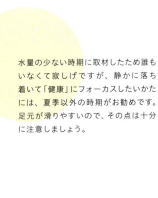

GP

滝全体のほぼ中央の位置(写真参考)。

GPでの過ごし方

足場が安定していることを必ず確認してから、五感の1つ1つを順番に感じてください。まず視覚を意識し滝全体をよく見渡します。次に嗅覚を意識し、匂いを嗅ぎます。それから聴覚を意識し、音を聴きます。そして触覚を意識し、水や風や岩などの感触を肌で感じます。最後に味覚を意識し、味を感じてみようとします。
安定した足場を確認してから、1段目の一番右端の滝をじーっと見ます。このとき、視線をなるべく動かさず1か所を見るようにします。30秒ほど見つめたら、少し視線を横にずらしてみましょう。酔いそうなほど劇的に視覚が変わるので、立ったままではなく、しゃがんでいるほうが安全かもしれません。

GP滞在時間

15分以上

上写真の1段目、滝の滝壺の縁の拡大。滝の正面から一番右端、勢いよく水が落下している付近を見ましょう。
水力によって発生した風が右手の岩肌にぶつかってGPの場所を通過していきます。その風を全身で受け取るような気持ちで、3分ほど立っていましょう。

滝へ行く手前にある堤防には丸石が敷きつめられています。
裸足になり、足つぼ刺激!(時間はお好きなだけ)

岩場で怪我をしないよう、また足元がすべらないようにするため、濡れても構わない靴を履きましょう(サンダルなどのすぐに脱げてしまうものは危ないです)。手袋があれば便利です。

03 健康

他の場所

「健康」に効果のある土地(場所)です。先に紹介しました3か所と合わせて、全部で18か所あります。あなたは、どちらの6か所を選んで行かれるでしょうか。

左記の土地は、**その場所へ行くだけで効果が得られる**ため「GP」指定をしておりません。五感を研ぎ澄まし「場」を意識してみてください「あなただけのGP」を感じることでしょう。

姥神大神宮

北海道檜山郡江差町姥神町 99

仏ヶ浦

青森県佐井村長後縫道石地内

黒石寺蘇民祭

岩手県奥州市水沢区黒石町山内

青麻神社

宮城県仙台市宮城野区岩切青麻沢 32

筑波山(茨城県つくば市筑波1)と・月水石神社

茨城県つくば市沼田

弥彦神社

新潟県西蒲原郡弥彦村弥彦 2887-2

木曽くらしの工芸館(道の駅「木曽ならかわ」)

長野県塩尻市木曽平沢 2272-7

増富ラジウム温泉

山梨県北杜市須玉町比志

熊野本宮大社・熊野古道

和歌山県田辺市本宮町本宮 1110・周辺

仙酔島

広島県福山市鞆町後地

水木しげるロード

鳥取県境港市大正町

大歩危小歩危

徳島県三好市山城町重実～上名

宇佐神宮

大分県宇佐市大字南宇佐 2859

幣立神宮

熊本県上益城郡山都町大野 698

白谷雲水峡

鹿児島県熊毛郡屋久島町宮之浦

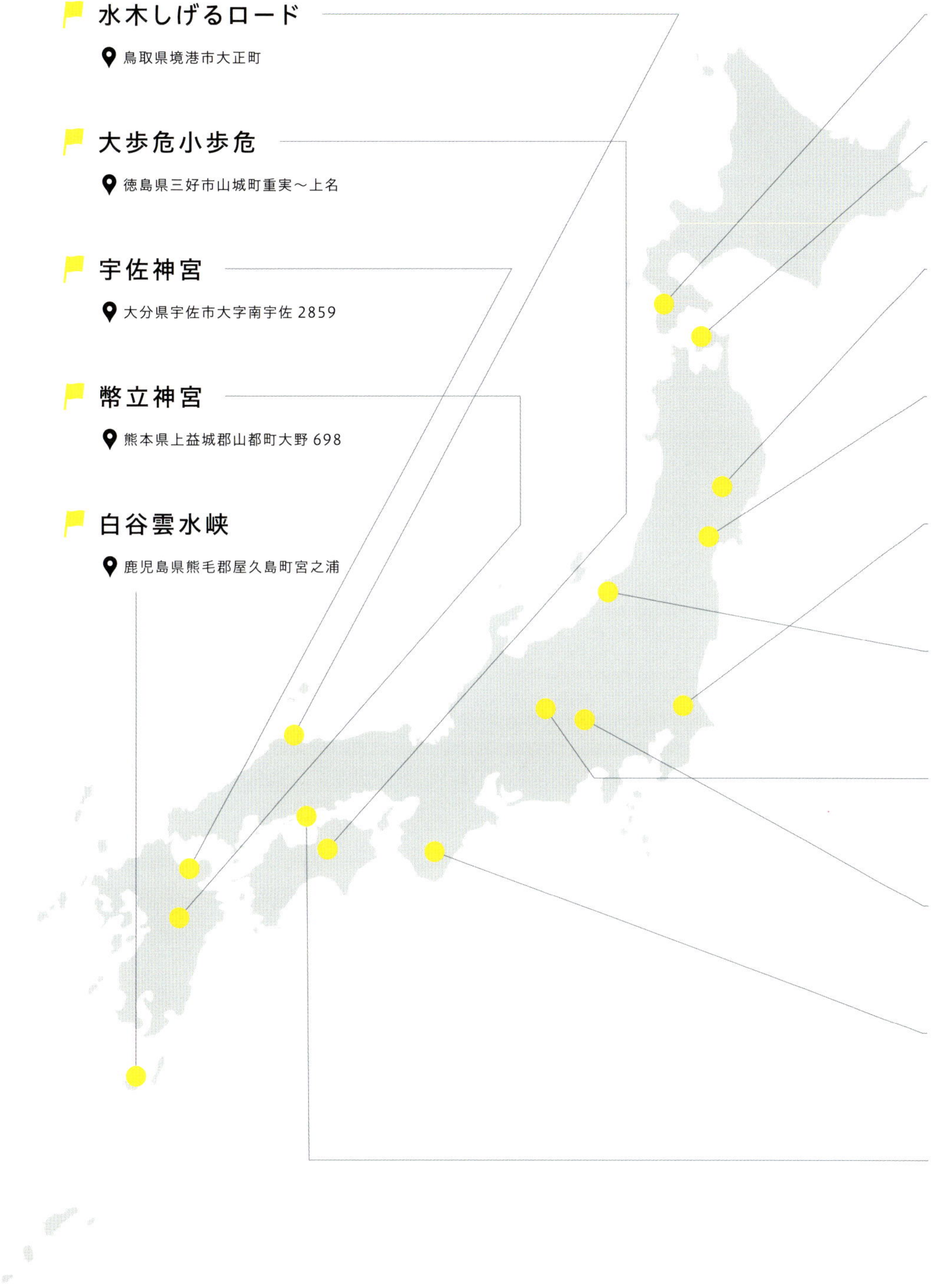

GROUND POINT

04

恋愛

04

恋愛

「恋愛」という言葉には「恋」と「愛」という2つの文字があります。「恋」は「心が下」にあり、「愛」は「心が上」にあります。下心《したごころ》と上心《うえごころ》がセットになって、「恋愛」という1つの言葉になっています。恋とはなにか、愛とはなにか。これにはたくさんの考え方や意見がありますが、本項では恋愛を次のように定義し、それが実現することを後押しするエネルギーの土地を選びました。

恋愛とは、「下心からはじまって愛に落ち着くことを目指す」行為。

この定義はおそらく、男性にはストレートに伝わるかと思いますが、女性にはピンとこないかもしれません。「恋愛」に対する女性の一般的傾向として、複数の望みを関連付けていることから、「恋愛」単体では考えにくいようです。関連付けられている代表的な例として、「結婚」が挙げられます。女性が「恋愛」をしたいと願ったとき、その望みの中には結婚が含まれていることが多く、極端にいえば人生をまるごと含めていることすらあります。このこと自体が「下心」なわけですが、それに気が付いていることは少ないです（本書は「結婚」の項目を設けていないので、「結婚」が望みである場合は「対人関係・パートナーシップ」の項目をご覧ください）。そもそも、下心と上心を分けることができないのが「恋愛」です。「下心からはじまって愛に落ち着く」ことを目指しましょう。

恋愛の悩みのように思えて、実はそうではないということがあります。それは、「恋愛したいけどできない、はじまらない」という問題です。恋愛ができない理由はさまざまで、「好みのひとがいない、出会いがない、周りに対象となる性や年齢、立場のひとがいない」などです。なかでも多くのひとが、「出会いがない」と口にします。このことからも、出会い系アプリケーションが巷に流行するのは当然のように思います。

　恋愛とは本来、したいから「する」ものではなく、「してしまう」ものです。しかし、「したい」と望んでいるひとが非常にたくさんいらっしゃるのが実状です。

　そこで、これらを加味し「恋愛」の項目で紹介する１８か所は、先述の「恋愛の定義」と併せて、「ひととの出会いが多くなる」パワーも得られるところを選びました。ひととの出会いの数を増やすことは、恋愛をしたいと望むひとにチャンスの数を増やすことになります。現在、お相手がいて今後の進展や発展を望まれるかたも、これからお相手に出会うことを望んでいるかたも、どうぞ足を運んでください。

GROUND POINT REVIEW

- 時の鐘
- 鷲羽山展望台～沙弥島
- 博多屋台街
- 他の場所紹介（15 か所）

04 恋愛

時の鐘

埼玉県川越市幸町

ピンク、オレンジ、緑、赤。

④ー②ー④ー①……(1)
③ー③ー⑤ー①……(2)
④ー③ー⑤ー④……(3)

この数字は、個人鑑定で「恋愛」について相談を受ける際に心にかけている、私の内なる声です。相談者のチャクラ（※）の現状を数字で把握をしたうえで、細かなところを観ていきます。これによって、相談者の「恋愛がしたい」という希望を実現するためには、日常の中でどのようなことを付け足し、減らしていくのがよいのかなど、具体的なアドバイスをすることができます。冒頭の(1)～(3)のうち、「恋愛できる」または「既にしている」チャクラ状態は(1)です。ここで紹介する「時の鐘」は、この(1)の状態を引き起こす土地です。「恋愛」を望まれるかたはぜひ訪れてください。

川越市は、新河岸川の舟運で江戸との穀物流通の中継地点として大いに栄え、「小江戸」と呼ばれるようになりました。市内の「蔵造りの町並み」といわれる通り（川越一番街）には、黒の漆喰で仕上げられた迫力満点の店蔵が並び、週末ともなれば多くのひとが訪れる観光スポットです。

時の鐘を過ぎて本町通り向かう途中に、稲荷小路があります。そこを入ると、「しあわせ稲荷」というちいさな祠があり、その前に生えている「クスノキ」が突然、私にこんなことを伝えてきました。「よろこびもかなしみもたいらけくひびく

かねのおと」。これは、GPである「時の鐘」のことを指していると思いましたが、他にも意味があると直感し、しばらくの間クスノキの近くで情報を待っていたところ、次のような映像が来ました。

入れ替わり立ち替わり、ちいさな祠に手を合わせに来る多くの女性と数人の男性。年齢、身分の幅が広く、夕刻や早朝と思われる時間帯が多い。左手にちいさななにか（供物？）を持っていて、それを祠にスッと置く。多くの出会いや別れもあるという情景と、背後に流れる時の鐘の音の生々しさ。

この映像から、しあわせ稲荷は、男女共に「恋愛」に関する心願が頻繁になされていた場であったことが分かりました。川からも陸（川越街道）からも江戸との行き来ができた交通の便利な川越は「港町」の役割を果たし、ひとの出入りが激しい土地。ひとびとの悲喜こもごもを見守りながら、鐘は変わらず響いていたことの意味を「よろこびもかなしみもたいらけくひびくかねのおと」と、クスノキは教えてくれたようでした。

メインの「蔵造りの街並み」通りから横に延びる魅力的な小路が幾つかあり、どの小路にも足を踏み入れたくなります。写真は「稲荷小路」。ここを入っていくと「しあわせ稲荷」があります。

時の鐘GPでは、楼の下あるいは、奥の「薬師神社境内」のいずれかの場所に立って呼吸を整え、自分が落ち着いていることを確認してから、次のイメージを順番に行ないましょう。

①鮮やかな「ピンク色の球体」が身体全体を包んでいるというイメージ。
②鮮やかな「オレンジ色の球体」が身体全体を包んでいるというイメージ。
③鮮やかな「明るい緑色の球体」が身体全体を包んでいるというイメージ。
④鮮やかな「赤色の球体」が身体全体を包んでいるというイメージ。

球体の大きさは自由です。あなたがイメージしやすい大きさにしましょう。4つの球体は同じくらいの大きさにするのがよいです。①～④を繰り返し3回行ないます。

目は開いていても、軽く閉じていても構いません。しやすいほうで「色」のイメージをしてください。これは、あなたの①と②と④のチャクラを活性化します。

1日に4回鳴る時の鐘の音と合わせて行なうのがベストですが、そうでなくても十分な効果があります。

※ サンスクリット語で車輪や円を意味し、ヨーガやヒンドゥー教の一部、仏教の一部、密教の一部、神智学、神秘学などで使われている「中枢生命エネルギーセンター」を表す用語。

「しあわせ稲荷」。ちいさい祠ながらも大きなパワーのあるお稲荷さんです。あなたの恋愛に関する心願をお伝えしておきましょう、きっと味方になってくれます。一方、ねじれた恋愛関係(三角関係や不倫など)は「純なる方向」に事が動くようになるので、場合によっては突然の別れがあるでしょう。

たくさんの情報をくれた「クスノキ」。クスノキは、樹木の中でも「ひと」とのつながりが強い種なため、おかしな言い方ですが「話しやすい」です。しあわせ稲荷近くのこの「クスノキ」はとても饒舌です。あなたも試しに話しかけてみてください。通じ合うかもしれませんよ。

川越城下の総鎮守「川越氷川神社」の、「一年安鯛おみくじ」。川越氷川神社へは時の鐘から歩いて 7~8 分ほどで行けます。子宝縁や家庭円満のエネルギーに満ちた神社ですから、望みのタイプによっては「恋愛」項目にこちらもプラスして訪れるとよいでしょう。

GROUND POINT REVIEW

GP 時の鐘

GPでの過ごし方 時の鐘の下、または奥にある薬師神社敷地内で、自分の身体の周りに「ピンク→オレンジ→緑→赤」の順で色をイメージし、同じことを 3 回繰り返しましょう（本文参照）。

GP滞在時間 4 色のイメージを 3 回繰り返したら終了

近くの「川越氷川神社」は子宝エネルギーです。子どもを望まれているかたは参拝するとよいでしょう。

04 恋愛

鷲羽山《わしゅうざん》展望台
～沙弥島《しゃみじま》

・岡山県倉敷市下津井田之浦 1-1
・沙弥ナカンダ浜遺跡、香川県坂出市沙弥島 163-1

恋愛と結婚。

「鷲羽山展望台」と「沙弥島」は、恋愛が結婚へと発展する流れを作り出すエネルギーの土地です。先述の75頁に書いたように、本書では「結婚」の望みを持つかたには「01　対人関係・パートナーシップ」GPを訪れることをお勧めしていますが、鷲羽山展望台から沙弥島にかけては例外で、恋愛、結婚の両方にご利用いただける土地です。現在、交際中の相手がいて、なおかつそのひととの「結婚」を望んでいれば、もっとも適している土地といえます。

まず、あなたが次の①～③のどれに当てはまるかご確認ください。状況によって、「鷲羽山展望台のみ」か、あるいは「鷲羽山展望台～沙弥島」を訪問することになります。

①交際相手がいないため、「恋愛」を望んでいる→「鷲羽山展望台」のみを訪問する。

②交際相手がいて「恋愛」をよりよくしたいと共に、「結婚」願望がある→単独で「鷲羽山展望台～沙弥島」を訪問する。

③交際相手がいて双方「結婚」の意思はあるが、どこか不安で一押しが欲しい→交際相手と共に「鷲羽山展望台～沙弥島」を訪問する。

鷲羽山展望台は日本で初めて国立公園に指定された公園の1つで、「瀬戸内海国立公園」の一部です。展望台からは瀬戸内海とそこに点在する島々、そして美しく見事な瀬戸大橋が一望できます。

展望台は2つありますが、GPは「第二展望台」（GP1）です。

　GP1に立ち、南の方角に体を向けます（足元に東西南北を示す印があるので、すぐに分かります）。そして、あなたの「恋愛」に関する心願を、「ハート（心臓部）から飛ばす」ようなイメージで想いましょう。瀬戸内海周辺の土地から派生する「よろこび」のエネルギーが、あなたの望みを包み込み、必要なところへ運んでいきます。このとき、できる限りハッピーな気持ちとウキウキ、ワクワクする感覚でGP1に立ちましょう。また、もう1つの第一展望台やその先にある鷲羽山山頂からの眺めは更に素晴らしいものです。足を伸ばすとよいでしょう。

見晴らしのよいこのベンチに腰を下ろして、瀬戸内海に浮かぶ島々と瀬戸大橋の美しい景色を眺めながら、あなたの「恋愛」に関する心願を再度まとめましょう。徒歩で10分ほど上がったところにある第1展望台まで足を運んでみることもお勧めします。

　次に、鷲羽山展望台がある岡山県から瀬戸大橋を渡り、香川県坂出市の沙弥島へ移動します。沙弥島はもともと瀬戸内海に浮かぶ島でしたが、1967年の埋立て造成によって地続きとなり、歩いて入島することができます。この土地は、非常に強い「創造性」と縄文のエネルギーに満ちています。沙弥島のGP（GP2）は「オソゴエの浜」と「ナカンダ浜」の中間辺りです。

　GP2にある「岩」に触れ、あなたの心願を想いましょう（単独で島を訪れたひとも、カップルで訪れたひとも、それぞれ「自分の心願」を想うようにしましょう。パートナーの想いに寄り添うことも大切ですが、GP2では「自分の」心願に集中します。GP2一帯は古《いにしえ》からの深淵な創造性のエネルギーが充満しています。坐るなどして、しばらくここに滞在するとよいでしょう。また、島全体に宇宙的でもあり、生命の根源的でもあるエネルギーが流れているため、島の中をゆっくりと散策することもお勧めします。

GP1のアップ写真。この円の中央に立って、南に顔を向け（四国の方を見る）あなたの心願を想いましょう。鷲羽山の名前の由来は「鷲が大きく羽を広げたような地形」からきています。あなたの心願が鷲の羽に乗って大空に舞い上がる様子をイメージするとよいでしょう。

沙弥島の「白石古墳」へ向かう道。島全体が古墳のような感じです。一見、のんびりとのどかな島ですが、強い縄文のエネルギーを感じます。神聖な場所が多いため、むやみに立ち入らないようにしましょう。

沙弥ナカンダ浜。こちらの浜は、つながりを強化する土地のため、恋人同士で訪れると結婚につながることでしょう。また「共同でなにかを行ないたいひと」と共に訪れるのもよいです。

GROUND POINT REVIEW

GP1 鷲羽山展望台の第二展望台にあるレストハウス近く(写真参照)

GP1での過ごし方 南の方角を向いて立ち「ハートの部分から」心願を飛ばすイメージをしましょう。

GP1滞在時間 2～3 分

GP2 沙弥島のオソゴエ浜とナカンダ浜の中間辺りにある「岩」(写真参照)

GP2での過ごし方 岩に触れ、心願を想います。

GP2滞在時間 自由

！ 鷲羽山展望台と沙弥島の両方を行かれる②③に当てはまるかたは、日をまたがず 1 日で両 GP へ行きましょう。

04 恋愛

博多屋台街

福岡県福岡市博多区

ゆるさ加減が恋愛成就の秘訣。

「ソレはなんですか？」屋台で隣り合わせた男性4人組が注文した「四角くて赤い物体」が気になり、つい口を衝いて出ました。

「え？　コレ？　コレは明太こんにゃく。よかったら一枚どう？」

屋台には、初対面のひとにも気軽に声をかけることができるという不思議な魅力があります。これはパーソナルスペースが一気に変化し、警戒心が薄れることが一因です。「恋愛」に関して「待ちの姿勢を変えたい」「出会いが欲しい」「コミュニケーションが上手くなりたい」というひとに、特にお勧めしたいのが「博多屋台街」です。

福岡県博多の屋台街は、大別すると「中洲」「天神」「長浜」の3つのエリアに分かれています。このうち、GPは中洲です。中洲は那珂川沿いにずらりと並ぶ屋台街で、メディアなどでもよく紹介されるため、「見たことがある！」というかたも多いでしょう。ここであなたの普段の壁を壊し、「恋愛のはこび（運）」をグンッと上昇させていきましょう。

ところで、ひと口に「恋愛」といっても状況はさまざまです。あなたの恋愛の現状は、次のうちどれになるでしょうか。

①恋人なし。恋人ができることが心願。
②好きな人がいるが、片想い中。結ばれたい。
③交際中の相手がいるが、うまくいかなくなってきたので修復したい。

④交際中の相手がいるが、別のひとを見つけたい。

あなたの現状が①または②の場合、本項の「04 恋愛」GPが適しています。③の場合は「01 対人関係・パートナーシップ」のGPが適しています。④の場合は「01 対人関係・パートナーシップ」を経て、次に「04 恋愛」のGPという流れが適しています。あなたの恋愛事情に合わせて、適したGPを活用するようにしましょう。

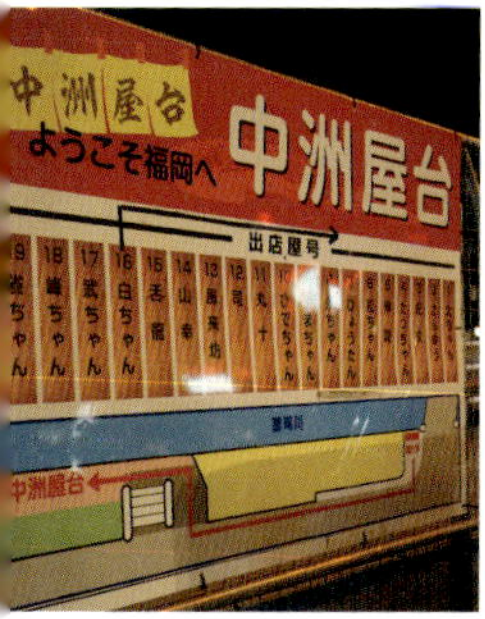

博多屋台街のGPは「中洲全体」です。歓楽街のネオンが水面に映りキラキラと揺らめく那珂川を横目に、ずらりと立ち並ぶ屋台の中から、あなたが「いいな」と思う店を決めてください。お店の人も、そこに居るお客さんも皆とても親切なので、初心者であっても心配する必要はありません。「ここ空いているよ～」と声をかけてくれるひとも多いです。ラーメンや餃子、焼き鳥、てんぷら、

博多屋台の新名物「焼きラーメン」。どんな味がするのだろうと、ワクワク。よく炒められた麺にとんこつスープがたっぷり浸みて、すごく美味しいです！ あとを引く味。行列ができるのもうなずけます。(お店＝小金ちゃん)

おでん、モツ煮、牛タン焼き……屋台のメニューは豊富で、洋風もあります。メニューやお店の雰囲気から、いいなと感じた店に入りましょう。私は、「交龍」「小島商店」が個人的には好みでした。また、「紀文」もよい感じです。「入りやすそうだな」と感じる店はひとによって異なるでしょうから、「あなたの感覚に任せて」気軽に入ってみましょう。

恋愛下手なひとに多く見られるエネルギーの特徴として「強固なパーソナルスペース」が挙げられます。オーラ(※)でいえば、特定の部分に「硬い質感」「鋭い質感」「寒色」で表れています。これは「余裕、余白、隙、柔軟性」がない現状であったり、またその真逆であったりするときの「アンバランスさ」の表れです。自分以外のなにかを受け入れる態勢がなかったり、気が付くことのできない状況です。博多屋台街全体に、よい意味で「ゆるく」「惚れっぽい」「臨機応変」な空気が流れています。そのエネルギーを持った土地を訪問し、飲食することで恋愛下手の状況は変化を起こします。

※ 物体のエネルギーフィールドの一部。物理的な体の情報および非物理的なカラダの情報。

お店のひととも、お客さん同士も距離がとても近いです。肉体的距離の近さは心の距離の近さでもあるでしょうか、同じ屋台に居合わせたひととたのしくコミュニケーションできます。性別問わず、挨拶を交わすだけでもしてみてください。気がグンと上がります。

中洲エリアの屋台街全体が「GP」ですが、ここ「小島商店」さん辺りは特にお勧めです。何軒かはしごするために、お腹を空かせて行きましょう！

那珂川の水面に映るネオンの灯と対岸にずらりと並ぶ屋台。整備された遊歩道をのんびり歩くのもよいし、水上から博多の景色をたのしむ「リバークルーズ」を体験してみるのもよいかも。

GROUND POINT REVIEW

GP	那珂川通りの屋台「中洲エリア」
GPでの過ごし方	男女関係なくとなりの席のひとに「こんにちは」「こんばんは」など、必ずひとこと声をかけましょう。たのしく、美味しく飲食しましょう。
GP滞在時間	1か所につき20分以上

1軒だけではなく、数軒はしごすることをお勧めします。

屋台は屋外なので、天候により出店していないこともあります。また、日曜日は出店数が少ないです。

04 恋愛

他の場所

「恋愛」に効果のある土地(場所)です。先に紹介しました3か所と合わせて、全部で18か所あります。あなたは、どちらの6か所を選んで行かれるでしょうか。

左記の土地は、**その場所へ行くだけで効果が得られる**ため「GP」指定をしておりません。五感を研ぎ澄まし「場」を意識してみてください「あなただけのGP」を感じることでしょう。

北海道神宮

北海道札幌市中央区宮ヶ丘 474

大悲山の大杉

福島県南相馬市小高区泉沢字薬師前

高田公園

新潟県上越市本城町 44-1

白山・白山奥宮

石川県白山市白峰

開田高原

長野県木曽郡木曽町

九尾稲荷大明神

栃木県那須郡那須町湯本

ジャパンスネークセンター

群馬県太田市薮塚町 3318

鋸山

千葉県富津市金谷

長谷寺

神奈川県鎌倉市長谷 3-11-2

熱海サンビーチ

静岡県熱海市渚町 2

信楽陶苑たぬき村

滋賀県甲賀市信楽町牧 1293-2

龍神温泉

和歌山県田辺市龍神村

道後温泉

愛媛県松山市道後湯之町

祐徳稲荷神社

佐賀県鹿島市古枝乙 1686

霧島神宮

鹿児島県霧島市霧島田口 2608-5

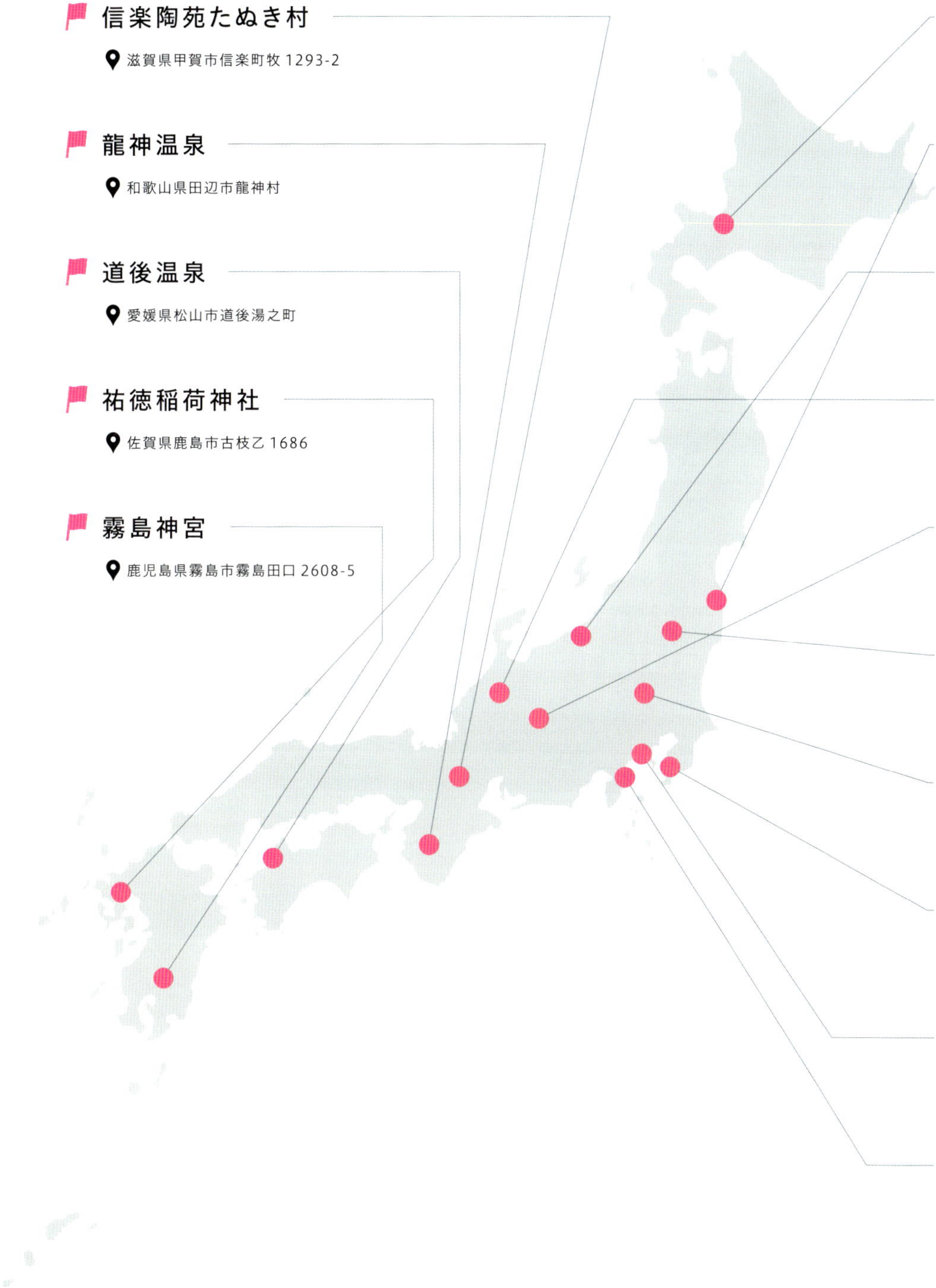

GROUND POINT 05

仕事・才能

05

仕事・才能

自分に合った仕事をしたい。たのしく仕事をしたい。仕事を成功させたい。やりたいこと、好きなことを仕事にしたい。仕事で充実したい。仕事に情熱を持ちたい。才能を伸ばしたい。才能を発揮・開花したい。才能がほしい・・・・・。「仕事・才能」に関して望みはいろいろあり、挙げたらきりがないほどです。最近の仕事選びは「報酬」よりも「やりがい」を重視する傾向にあるそうですが、あなたは今の仕事をどうやって決めましたか？　そして、変える場合はなにを重視して決めますか？

グランドトラベルは「仕事・才能」に関する望みを叶えるのに、非常に適しています。なぜなら、「仕事・才能」とは基本的に、「出力エネルギー、陽性エネルギー、男性性エネルギー」だからです。つまり、グランドトラベルする、GPへ行くという行動自体が「積極性（出力）、能動性（陽性）、男性性のエネルギー」を稼働しているため、同種、同質でピッタリ合致するのです。本項に望みをお持ちのかたは、これから紹介する土地を是非とも訪てください。現在の技能や才能がより強化されるでしょう。そして、潜在化している能力や才能が浮上することを助ける土地を選びました。
「転職や就職、独立」に関連した望みを叶えるために土地を訪れようというひとは、あらかじめ自分が「仕事に対して優先させていることはなにか、重要視していることはなにか」を明確にしてから訪れると、よりよいでしょう。重要視するのは報酬か、やりがいか、勤務の融通性か。その他、あなたの内側の中にあるいろいろな率直で素直な望みに耳を傾け、意見をまとめておきましょう。

転職や就職、独立ではなく「現職」に関することであれば、叶えたい望みの内容をできる限り具体化しましょう。事業拡大が望みであれば、何をどれくらい大きくしたいのか、数値化できる部分は数値化させておきます。プロジェクトの成功が望みであれば、そのプロジェクトに関わっている仲間の顔を思い浮かべ、希望部署への移動であれば、その部署で働いている自分の様子をイメージする、といった具合です。望みの内容を具体的にして、リアルに思い描いて訪れるようにしましょう。

「今の仕事でよいのだろうか？」「もっと自分にふさわしい仕事があるのではないか」などと考えて訪れる場合も、あなたが仕事に対して優先していることや重視していることなど、具体化できることは具体化して訪れるとよいでしょう。そして、ＧＰに少し長く滞在してみてください（６０分以上）。可能であれば、近くに宿泊するのがお勧めです。

GROUND POINT REVIEW

- 今城塚古墳
- 青い池
- 松下村塾
- 他の場所紹介（15 か所）

05 仕事・才能

今城塚古墳

大阪府高槻市郡家新町 48-8

リーダーシップを発揮し、多勢の人と事を成すエネルギー。

大阪府高槻市にある「今城塚古墳《いましろづかこふん》」は、誰でも自由に散策できる古墳です。三島平野の中央部に位置し、古墳時代後半（6世紀前半）に築造された前方後円墳で、国の史跡に指定されています。墳丘の全長は約190mで、内濠、外濠、外堤部分も含めると全長約350mになる、淀川流域では最大規模の墳墓です。このような巨大な古墳に直接足を踏み入れることができるのは、日本ではここだけだといわれています。

北側の入口から入場すると、まず目に飛び込んでくるのは「埴輪祭祀場」です。

1997年からはじまった発掘調査で出土した形象埴輪が、200点以上ズラリと並んでいます。埴輪の形はさまざまで、家、武人、巫女、馬、牛、鶏、水鳥、円筒などがあります。古代王権の儀礼を再現して整然と並んでいます。東西約65m、南北約6mの区画規模は、日本最大の「埴輪祭祀区」であり、今城塚古墳をもっとも特徴付けています（埴輪はレプリカで、実際に出土したものは「今城塚古代歴史館」にあります）。

GPは「墳丘」の中央付近で、「説明板」を目印にしてください。墳丘内には1~7の説明板がありますが、GPはそのうちの「1」「3」「4」の周辺です。「1」「3」は前方後円墳の「後円部」、「4」は「前方部」のところに位置しています。

GPでは、あなたが落ち着いて腰を下ろせる場所を確保しましょう（説明板はあくまでもGPの目安です。神経質になる必要はなく、「その辺り」で構いません）。腰を下ろせるようなスペースが確保できない場合は、立ったままで構いません。呼吸を整え、その場とあなた自身が馴染んでくるのを感じてください。

十分に馴染んできたことを感じたら、あなたの「仕事・才能（技能・特技など）が多くのひとに役立っている」様子や、「多くのひとと共に協力し合っている様子」をイメージします。現在行なっている仕事をイメージしてもよいですし、未知の（今はまだ具体的にはなっていない）ことをイメージするのもよいです。「仕事・才能」に関してのあなたの心願を想いましょう。

こちらのGPは「大きなもの・多くのものを動かす力、牽引する力」「協調・協力・調和・融和・寛容」のエネルギーです。あなたの心願が「大きなもの」であったり、「多勢のひと」を対象にしているものであればあるほど適しているといえます。あなたの心願を謙遜したり、引っ込めたり、小さく見積もったりせず、堂々と「想う」「イメージする」ようにしましょう。

200点以上発掘されている埴輪のうち、巫女形の埴輪。西側を向いて両手を挙げています。後方の巫女とは違い、先頭の巫女の着物には模様があり、装飾品も付けています。位や役割が違うのでしょうね。可愛らしいです。

ここを訪れたら、以降3か月間はできるだけ「自己観察をしながら、生じることに抗わない」ようにしてください。あなたの心願が叶う方向に動き出すとき、一見「不都合」に感じるようなことが発生するかもしれません。ですが、それは「叶う方向にものごとが動いている」サインです。一時的なことと理解して「受け入れる」ようにするとよいです。起こることを、起こるままに観察します（不都合なことが必ず起きるという意味ではありません）。

今城塚古墳は2011年に復元・整備事業が完了しました。より美しく生まれ変わったこの地は今、散歩をたのしむひと、駆けまわる子ども、お弁当を広げているグループなど、地元のひとびとに親しまれ、愛されている土地です。

芝生広場を通って階段を上り、墳丘の中央部へ入っていきます。本当に古墳に足を踏み入れていいのかしら？ と一瞬戸惑うかたもいらっしゃるかもしれませんが、入ってよいのです。高槻市、ありがとうございます！

建物形の埴輪は大人の背丈ほどのものもあります。種類の多さ、数の多さからして、相当な権力を持った王の墓であるといわれています。敷地内では、古墳フェスが毎年開催され大盛況だそうで、参加したいです（「はにコット実行委員会事務局」へお問合せください）。

「今城塚古墳」からは離れていますが、2019 年7月に世界文化遺産登録された「百舌鳥・古市古墳群」が堺市にあります。古墳巡りは「愛情」に関わるエネルギーを得ることができますから、今城塚古墳と併せて足を運んでみては。（写真＝「仁徳天皇陵古墳」）

GROUND POINT REVIEW

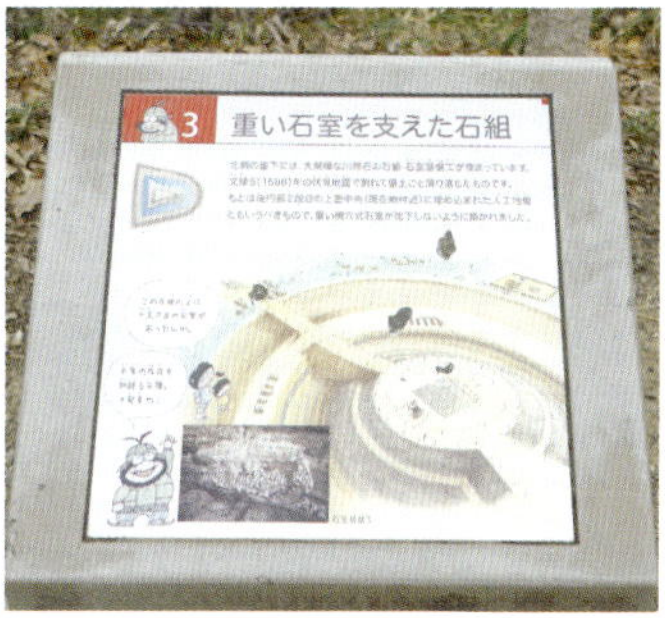

GP 墳丘にある説明板「1」と「3」の周辺、および「4」の辺り

GPでの過ごし方 あなたの仕事・才能（技能・特技など）が多くのひとに役立っている様子や、多くのひとと共に協力し合っている様子をイメージしましょう。

GP滞在時間 15分以上

古墳・埴輪が好きなかたは、隣接する「いましろ大王の杜・今城塚古代歴史館」へ足を運んでください。とても楽しめます（入場無料・開館時間＝10～17時）。

05 仕事・才能

青い池

北海道上川郡美瑛町白金

明晰性・集中力・想像力を高める。

旭川周辺の観光名所の1つ「青い池」は、1988年の十勝岳の噴火による泥流災害を防ぐため翌89年に完成した堰堤《えんてい》がもとにできた人造池です。

旭川空港から車で向かう途中、「アップダウンしている直線道路」を通って「就実の丘」に立ち寄るとよいです。手入れされた農地が大きく波打つような地形と合わさって、見事な景観を作り出しています。この丘陵地からは大雪山連峰や十勝岳連峰を見渡すことができ、北海道の雄大さをダイレクトに肌で感じることができます。この一帯は北海道の中でも特に質のよいエネルギーが流れている場所です。素晴らしい景色をたのしみながら吸収しましょう。

道道966号線、白樺街道を白金方面へ南下すると青い池に到着します。広い駐車場を通り階段を数段上がると、この世のものとは思えない水の色が目に飛び込んできます。その現実離れした青は「美瑛ブルー」と呼ばれ、天候によっては乳白色の青に見えたり、コバルトブルーに見えたりします。池の中に生えている立ち枯れたカラマツと、真っ白な白樺の幹と、青々とした植物の緑。すべてが相まって、とても幻想的です。

この地のGPは「青い池そのもの」です。

場所の特定はありません。「美瑛ブルー」をじっと

眺めることができる場所を見つけて立ちましょう。もちろん坐っても、しゃがんでも構いません。池の青色がよく見え、落ち着く場所であればどこでもよいのです。どこにするか迷ったら、売店とトイレの建物を目安にして、その延長線上辺りの池の淵にすればよいでしょう。

GPでは、なるべくまばたきをせず、池の青色を1分ほどじっと見ます。次に、「頭の真ん中辺りから見るような意識」で見続けます。肉眼の焦点はややぼけるような感じ（ソフトフォーカス）になります。これをトータルで15分ほど続けましょう。ここでは心願について想う必要はなく、「青い色を凝視する」ことがもっとも重要です。

青い池は、「明晰性」「洞察力」「集中力」「想像力」「直感力」を促してくれる土地です。これらの「力」はどんな業種の職業や仕事にも「力」になります。否、仕事には限りません。ありとあらゆることを

美瑛町の白金温泉街にある「白ひげの滝」は、十勝岳連峰の地下水が溶岩層の割れ目から美瑛川に流れ落ちる滝。GP 指定をしていませんが、こちらの滝は「あなたの中の迷い」を打ち落としてくれますから、青い池と併せて訪れることをお勧めします。

支援する「力」になります。「仕事」とは、経済社会において利益発生を目的とした活動に限ったことではなく、個人の特性を発揮することも指します。もし、あなたが歌うこと、絵を描くこと、踊ること、笑わせること、育てることなどが好きであれば、それを支援する「力」でもあります。どのようなことをしていても、「明晰力」「洞察力」「集中力」「想像力」「直感力」を磨いておくことは、あなたの「仕事・才能」に関する能力をレベルアップします。

余裕があれば3kmほど先にある「白ひげの滝」へ行くことをお勧めします。白樺街道を歩いた場合、40分~45分ほどで着きます。車なら7~8分で到着します（青い池からバスも出ています）。先述したように、この一帯は大雪山と十勝岳からの良質なエネルギーが広がっている土地であり、地面力の強さも強烈です。土地のパワーを存分に取り入れたいかたは、「白ひげの滝」と「白樺街道」も併せて訪れるのがベストです。

火山性の物質を多く含む白金地区を通過した水が美瑛川に流れ込み、「ブルーリバー」を作り出しています。深い森の緑とのコントラストが美しく、いつまでも眺めていたくなります（「白ひげの滝」の傍から見られます）。

青い池のほとりにあるお店で売られている「青い池ソフトクリーム」。添えられているクッキーのキツネまで青色。ラムネ味の、清涼感と美瑛牛乳のコクが相性よく美味しいです。

白樺街道。大正15年の十勝岳噴火泥流跡に自生した白樺の木が、道の両脇に4kmほど立ち並んでいます。歩道は整備されていてとても歩きやすいです。「青い池」から「白ひげの滝」方向へ足を進めると、正面に十勝岳が臨めます。

GROUND POINT REVIEW

GP 「池の青さをしっかり見つめられる場所」であれば、池の淵のどこでも構いません（大勢の観光客で賑わっている場所ですから、皆が気持ちよく観光できるよう臨機応変にお願いします）

GPでの過ごし方 呼吸を整え、水面を凝視します。あなたの頭の中央辺りにある「松果腺」を意識します（難しく考える必要はなく、「頭の真ん中」を意識しましょう）。池の青色を頭の真ん中から凝視するようなつもりでじっと見つめます。

GP滞在時間 15 分以上

白樺街道を白金温泉街方面へ 3km ほど行ったところに「白ひげの滝」があります。こちらの滝も併せて行かれることをお勧めします。

05 仕事・才能

松下村塾

山口県萩市椿東船津 1537

拓いて推し進めるパワー。

松下村塾は、江戸時代末期の私塾です。吉田松陰の叔父である玉木文之進が開塾し、のちに松陰も指導者となりました。塾生には明治期の日本を主導した人物がたいへん大勢おり、現代日本の礎がここにあるといっても過言ではありません。「仕事・才能」の項目で、松下村塾を紹介するのはあまりにも定番に思いますが、「今、まさにこの土地のエネルギーがあなたの仕事・才能の心願を強力に後押しする」ため、これまでに訪れたことがあるかたも改めて行くことを強くお勧めします。

GPは複数あり、巡る順番も決まっています。ここを訪れるかたは、以下の文章を何度か繰り返し読んでおくことをお勧めします。あらかじめイメージしておくと、大勢の観光客の中にあってもスムーズにグランドトラベルすることが可能でしょう。

GPは全部で5つあります。「5つで1セット」で、巡る順序はGP1→2→3→4→5です。すべて巡ったら、もう一度同じところを巡ります。計2回、同じことをするのです。

GP1は「塾舎入口の横」です。この場所には、松陰、玉木文之進、松陰の実兄（杉民治）のエネルギーが残っています。彼らはこの場所に立って塾生を迎えることが多かったのかもしれません。塾舎入口の横の位置に30秒以上立ちましょう。

あなたの中の「仕事・才能」についての心願を想い、「既に叶った」ことをイメージします。

GP2は「低く頭を下げた大きな枝」です。これは、塾舎と旧宅の間にある松の木の枝のことです。この「枝に軽く触れ」ましょう（触れるだけなので、時間の指定はありません）。

GP3は「杉家・旧宅（実家）のコの字のスペース」。ここに立ち、そこから見える景色を観察します。このとき、この一帯の土地全体のエネルギーを取り入れるようなイメージをしながら深呼吸を数回行ないます。同時に、GP2で触れた松の枝の「香り」がしてくる「気分」になりながら、周辺の観察もします。1分以上いるとよいでしょう。

GP4は「松陰神社境内にある『勧学堂』の鏡」です。塾舎の奥には旧宅があり、そのさらに奥に「松陰神社」があります。

「勧学堂の鏡に自分を映し」ましょう。そして、「私は仕事・才能を開花した」と心の中で3回唱えます（心中で3回言うだけなので時間の指定はありません）。

GP5は「楷の木」です。勧学堂を正面に見て、右手の奥にあります。この楷の木に軽く触れましょう（触れるだけなので時間の指定はありません）。

松下村塾と松陰神社一帯には、非常に強い男性的なエネルギーが溜まっています。この場にあなたのエネルギーをつなげることで、あなたがもともと持っている男性性のエネルギー（※）はより強化され、「仕事・才能」に活かされます。そしてなにより、約150年前に起きた時代のウェーブと、今の時代に起きているウェーブは類似しています。したがって、「いま松下村塾へ行く」ことは、あなたの中の改革心や変革心、勇気や決断などを強力に後押しすることでしょう。

※　肉体の男女に関係なく、ひとはみな男性性、女性性のエネルギーを両方持っています。男性性のエネルギーは「出力」に関係しており、それは「仕事・才能」が発現するために必須な力です。

GROUND POINT REVIEW

GP1

塾舎入口の横（向かって右手）

GP1での過ごし方

松下村塾の入口、看板の右横が GP1 です。この場所に立ち、 であなたの心願を想いましょう。「既に叶った」ことをイメージするとよいです。

GP1滞在時間

30 秒以上～

GP2

松の枝

GP2での過ごし方

松の枝先に軽く触れます（GP3 の場所へ枝を伸ばしているような格好です。剪定によっては形状が変わっている場合があります）。

GP2滞在時間

複数ありますので、本文ご参照ください。

GP3

杉家・旧宅（実家）のコの字になったスペース

GP3での過ごし方

塾社と神社の間に「杉家・旧宅」はあります。この旧宅のコの字になっている縁側スペースに立ち、周辺景色を五感を使って観察します。

GP3滞在時間

30 秒以上～

GP4

松陰神社境内の「勧学堂」の鏡

GP4での過ごし方

鏡にあなたの姿を映し、心の中で「私は仕事・才能を開
した」と3回言いましょう。

GP4滞在時間

本文参照

GP5

勧学堂横にある「楷の木」

GP5での過ごし方

「楷の木」に軽く触れます。「楷の木」は、案内板が指し示す矢印方向のずっと奥の方にあり、少し場所が分か
にくいので神社のかたにお尋ねください。

GP5滞在時間

本文参照

取材を終えようとしたとき、本殿で結婚式が始まりました。結婚は統合をシンボリックに表したものです。外出先で結婚式を見かけた際には「あなたの中の統合したいこと」に意識を向けてみるとよいでしょう。分離していたことがまとまってきます。

吉田松陰が幽因されていた
旧宅、杉家の3畳半の部屋
165年近く経った今も当時の
情熱が感じられます。あなた
の中に潜在化している強さ、
優しさ、勇気、行動力などを
刺激し「軸」を得られます
から、この場所にしばらくいる
とよいです。

敷地内にある「宝物殿・至誠館」に立ち寄ることをお勧めします。松陰が刑死直前に塾生たちに宛てた「留魂録」や「永訣の書」、「諸友に語ぐる書」が展示されています。

05 仕事・才能

他の場所

「仕事・才能」に効果のある土地（場所）です。先に紹介しました3か所と合わせて、全部で18か所あります。あなたは、どちらの6か所を選んで行かれるでしょうか。左記の土地は、**その場所へ行くだけで効果が得られる**ため「GP」指定をしておりません。五感を研ぎ澄まし「場」を意識してみてください「あなただけのGP」を感じることでしょう。

浅虫温泉

青森県青森市浅虫

湯殿山

山形県鶴岡市・山形県西村山郡西川町

三石神社

福島県南会津郡只見町只見下田ノ口 931-2

氣多大社

石川県羽咋市寺家町ク 1

万平ホテル

長野県北佐久郡軽井沢町軽井沢 925

犬吠埼

千葉県銚子市犬吠埼 9576

喜多院

埼玉県川越市小仙波町 1-20-1

篠田桃紅美術空間

岐阜県関市若草通 3-1

ぎふ長良川の鵜飼

岐阜県岐阜市湊町 1-2

永平寺

福井県吉田郡永平寺町志比 5-15

石山寺

滋賀県大津市石山寺 1-1-1

日牟禮八幡宮

滋賀県近江八幡市宮内町 257

四海楼

長崎県長崎市松が枝町 4-5

玉石鼻・ポットホール

長崎県北松浦郡小値賀町斑島郷

矢研の滝

宮崎県児湯郡都農町尾鈴

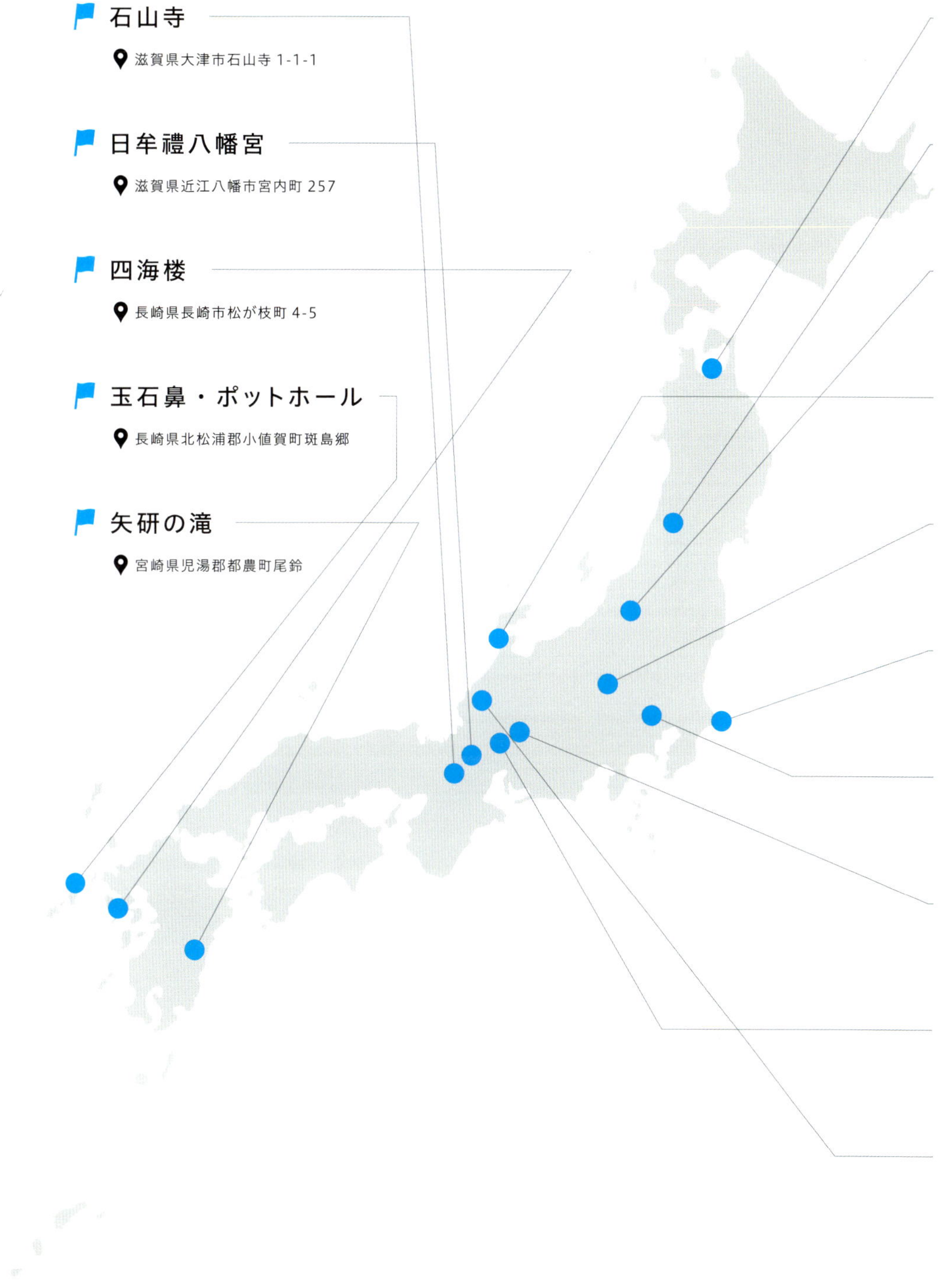

GROUND POINT

06

霊性

06

霊性

「霊性」という言葉に、あなたはどんなイメージを持ちますか？

本書における「霊性」とは、人間は肉体を持った存在であるけれど「肉体だけの存在ではない」こと、肉体という物理次元だけに縛られているわけではないことを意味しています。特別な能力や一定の教義ではなく、誰もが持っている成分、要素、性質のようなことを、ここでは「霊性」と表現しています。

「霊性」について説明をするとき、私はよく、「電気と電気器具」の関係を例に出します。「霊」（または魂）を電気として考え、肉体は電気器具だと想像してみてください。電気を流せる状態の電気器具があってこそ、電気というエネルギーが点灯することができます。私たち人間もこれと同じで、霊的な資質（電気）が、肉体という器（電気器具）とセットになって発現されています。日常的にオーラ視をする私は、妊娠している女性を見かけると、胎児に電気が点灯したかどうかを気にとめることがあります。妊婦のオーラが

「ダブル」になっていれば胎児の肉体はほぼ完成し、霊(電気)が宿ったサインです(すべてがそうとは限らず、いろいろなケースがあります)。

一方、人生を終えた肉体は、電気器具のみになり、電気が点いていません。亡くなったひとを見た経験があなたにあれば、この話を感覚的に理解できるのではないでしょうか。肉体は生前とあまり変わらなく見えるのに、どこかが大きく変わったと思いませんでしたか。眠っている肉体と、死を迎えた肉体とでは、「なにか」がまるで違うと感じませんでしたか。この「なにかが違う」と感じさせるものが、「霊」(または魂)と呼ばれる成分(あるいは要素)になります。

電気に例えた「霊(魂)」の部分は、鍛えようとか、磨こうとか、変えようとか、ましてや、成長させようなどという人的関与が及ばないところです。しかし、あなたがあなたの霊性に意識を向けはじめると、潜在化していたものが浮上したり、開花したりします。さらに、受信力が格段に上がるため、タイミングやチャンスに敏感に反応、対応するようになってきます。私たち人間は、物理的な肉体と非物理的な「霊性」がコラボレーションしている存在です。この非物理的な「霊性」に意識的になることで、ミクロからマクロの視点を手に入れ、知らず知らずのうちに縛られてきた常識や思い込み、刷り込み、枠などから自分を解放し、拡大を促します。自分という存在を「より全体として認識し、より全体として発揮」できるようになるでしょう。

GROUND POINT REVIEW

- 沼島
- 唐人駄場
- 金華山頂上奥の院(周辺含む)
- 他の場所紹介(15か所)

06 霊性

沼島《ぬしま》

兵庫県南あわじ市沼島

女性性と男性性、平行自己の統合。

沼島は淡路島の南4・6kmほど沖合にある、小さな島です。島全体を上から見ると、胎児や勾玉のような形をしています。淡路島と同じく、国生み神話のある島で、沼島のほぼ全域が瀬戸内海国立公園の特別地域に指定されています。GPである「上立神岩とアミダバエ」、そして「おのころ神社」は、統合を促進してくれます。あなたの望みが「女性性、男性性の統合」「平行自己、平行次元の統合」であるなら、こちらの土地をお勧めします。

GPは2か所です。まずは、GP1である「上立神岩とアミダバエ」へ行きましょう。沼島港に着いたらターミナルセンターを右に進み、小高い場所にある弁財天神社を通過し、民家を抜けて沼島中学校・小学校の建物横を通り、おのころ公園を右手にみて坂道を登ります。

突き当たりまで進むと、眼下には和歌山県と徳島県に挟まれた海域「紀伊水道」が広がっています。坂道を下りきると目の前には高さ30mの「上立神岩」があり、その向かい側に「アミダバエ」が現われます。

石の階段を下りたところにあるGP1の「岩」で「イメージ瞑想」をします。GP1に立つか坐るかして、正面に顔を向け、左目の端に上立神岩をとらえ、右目の端にアミダバエをとらえます。周辺視野で両目の端に岩があることを意識できている状態を作り、1～2分ほどその状態を保ちます。

次に、周辺視野で上立神岩とアミダバエをとらえていることに慣れたら、2つの岩をおでこの前で重ね合わせます。左目の端の上立神岩と右目の端のアミダバエがおでこの前で重なり合っているというイメージです。顔は正面を向いたままです。

次に、重なり合う2つの岩をイメージできたら、そのイメージを「上下」に動かします。重なり合う2つの岩がおでこから上方向に行き、それから下方向に行くというイメージです。おでこを起点に、上方向・下方向へ2つの岩のイメージを動かすのです。顔を静止した状態で、正面を向いたままイメージしましょう。上下の幅は、あなたが顔を静止した状態でイメージを保っていられる範囲にしましょう。このイメージの上下移動を7往復繰り返します。

次に、2つの岩のイメージを「胸部」でしてください。胸部を起点にして、今度は「前後」に動かします。2つの重なり合った岩のイメージをまず胸部から前方向に動かし、それを一旦胸部に

南あわじの「土生《はぶ》港」（灘ターミナルセンター）から出ている定期船「しまちどり」に乗り、10分ほどで沼島に到着（定期船は1日に10往復しています）。港の向かい側の小高いところには、海の安全と島の繁栄を見守る弁財天神社と立派な松の木があります。

戻してから、後ろの方向へ動かします。正面を向いたまま、イメージの前後移動を7往復繰り返します。

最後に、すべてのイメージを手放してあなた自身の身体を感じ、意識的な呼吸を7回行なって終了します。

GP2は「おのころ神社」です。おのころ山の頂上に社があり、山全体が御神体になります。「おのころ」は「自凝」と書き、自ずから凝り固まってできたという意味です。沼島はイザナギノミコトとイザナミノミコトが最初に作った島、「オノゴロ島」ではないかといわれています。

神社拝殿までは15～20分ほどです。参拝を済ませたらイザナギノミコトとイザナミノミコトの立像前を通り、社殿の裏手で短い「イメージ瞑想」をします。

社殿を背にGP2に立ちます。呼吸を整え、両脚（足）と地面を感じてください。足の裏から根が生え、その根が深く伸びて地面からのエネルギーがあなたに入ってくるイメージを1分ほど続けましょう。

次に、下腹部またはおへそ（下丹田）を意識し、おへそを中心に半径5mほどの円の中にいるあなたをイメージし、3分ほどそのイメージを保ったら完了です。

港とちょうど反対側の海岸に出ると「アミダバエ」と呼ばれている岩が目に飛び込んできます。「アミダバエ」だなんて、なんだか面白い名前ですが「バエ＝碆」は波に削られた岩のことで、室町時代に海中から阿弥陀如来がこの場所に現れたという言い伝えから名付けられたそうです。

「おのころさん」と親しみを込めて呼ばれている「おのころ山」の頂上に「自凝《おのころ》神社」はあります。山全体が御神体で、静寂と清い空気が流れています。社殿手前の長く真っ直ぐな石階段を登りながら、GP1 で意識した「あなたの胸部」を再度意識しましょう。

社殿の右横にイザナギ、イザナミの立像があります。GP2 はこの立像より先へ進み、おのころ神社社殿のちょうど真後ろ辺りになります。「正確に社殿真後ろ」である必要はありませんから、リラックスして GP2 に立ちましょう。

GROUND POINT REVIEW

GP1	上立神岩とアミダバエが視野に入る「岩」の上(写真参照)
GP1での過ごし方	イメージ瞑想をします(本文参照)。
GP1滞在時間	5分以上(他の観光客もいますので臨機応変ください。GP1そのものの場所ではなく、近くの石階段のところでも構いません)

GP2	おのころ神社社殿の真後ろ辺りの場所(写真参照)
GP2での過ごし方	イメージ瞑想をします(本文参照)。
GP2滞在時間	4 分以上

! おのころ神社へ行く道中と神社境内は、季節次第では虫(特に蚊)が多いです。虫除け対策が必要です。帰りの船の時間を必ず確認しておきましょう。

06 霊性

唐人駄場

高知県土佐清水市松尾 977

天とあなたをつなぐ縦のエネルギー。

高知県土佐清水市にある「唐人駄場」は、輝く光の柱が天に向かって真っ直ぐ伸びている土地です。この光の柱の中に入り、あなたの霊性を目覚めさせましょう。

県道348号線を足摺方面に向かい、途中の案内板に従って右へ。クネクネした登り坂を上がっていくと、大きな白色の文字で「唐人石」と表示された看板が現れます。

看板のすぐ側には、「不思議の国のアリス」を連想させるような遊歩道が延びていて、巨石群をぐるりと一周できるようになっています。ゆっくりと散策したいかたはこの遊歩道を進みますが、一刻も早く「巨石へ行きたい！」というかたは、入り口をすぐ左に折れてください。先ほどまでその気配すらなかった「巨石」がドドーンと目の前に現われます。あまりにも目の前すぎて、この時点では「巨石群」であることが分かりにくいのですが、左手方向に足を進めると視界が開けて、なるほど確かに「石の群れ」だと分かります。

巨大な石と石の間のわずかな隙間に足を入れ、体を横にしてすり抜け、巨石群の中心へ入って行きましょう。

気になった石によじ登ってみたり、石から石へと飛び移ってみたり、巨石に頬ずりしたり、話しかけてみたり(?)と、思う存分自由に巨石を堪能したらGPへ向かいます(遊歩道を歩き、この土地

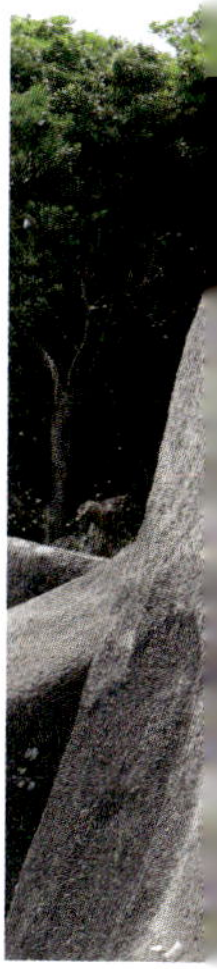

全体にあなたを馴染ませることもお勧めします）。
こちらのGPは、天に向かって突き出しているやや細めの「亀石」です。亀石というネーミングが他にも幾つかありますが、GPである亀石は特徴的ですので分かりやすいです。
この先端にしばらくじっと坐っていましょう（高所恐怖症のかたは無理せず、他の石の上にしましょう。あなたが気に入る石の上で構いません）。
亀石の上にいることに慣れてきたら、「イメージ瞑想」をはじめます。

①周囲の景色を丁寧に見渡し、全身で風を感じて、鼻で大きく深く呼吸をします。しばらく呼吸に意識を向けましょう（約1分）。
②イメージしてください。あなたはまっすぐに天に向かって伸びる光の柱であることを（約1分）。
③イメージしてください。あなたはまっすぐに天に向かって伸びる「紫色」の光の柱であることを（約1分）。
④「紫色」の光の柱をイメージし終えたら、あなたの頭頂部を意識してください。頭頂部を「感じよう」と意識するのです。（約30秒）。
⑤イメージしてください。あなたはまっすぐに天に向かって伸びる「金色」の光の柱であることを（約1分）。
⑥「金色」の光の柱をイメージし終えたら、あなたの頭頂部を意識してください。頭頂部を「感じよう」と意識するのです（約30秒）。
⑦イメージしてください。あなたはまっすぐに天に向かって伸びる光の柱であることを（約1分）。

①～⑦の「イメージ瞑想」を終えたら完了です。

GPの亀石には、ひとり分のスペースしかありません。あなた以外の訪問者がいる場合は、亀石を独占することのないよう配慮しましょう。他の巨石の上でも十分効果が得られます。あなたが気に入る巨石の上でゆっくりと「イメージ瞑想」をしましょう。

巨石群への入口。林の中を直進すると遊歩道になっていて、巨石群をぐるりと一周することができます。「東のサークル」「南のサークル」「鏡石」「亀石」（←GPとは別の亀石）と名付けられた奇石や巨石を見ることができます。時間がなくて「すぐに巨石群へ行きたい！」かたは左へ曲ります。

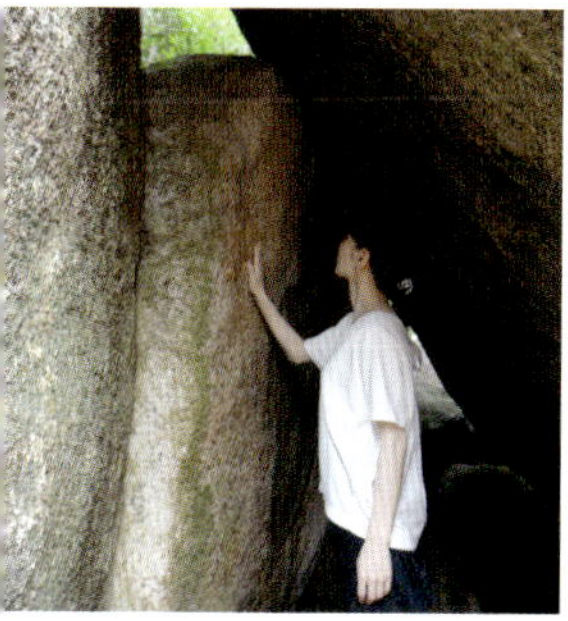

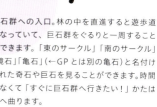

唐人駄場遺跡の周辺には牧場があり、牛がのんびり草を食んでいます。写真では少し分かりにくいですが大きな石がいくつも点在していて、石群の片鱗があります。また、向かい側にあるキャンプ場には列石があり、こちらも興味深いです。

巨石の上に立つと、足摺半島先の太平洋がキラキラと光っているのが見えます。視点を逆にして海のほうからこの巨石群を見たとしたら、きっとこちらも太陽光を反射し輝いていることでしょう。さぁ、あなたも唐人駄場の巨石の上で光と一体になりましょう。

土地のパワーをより強く自分とつなげるために「地産」のものを食べるとよいです。藁で炙った高知の「鰹のたたき」は本当に美味ですし、川エビやニラ、柑橘類など多くの特産物があり、どれもお勧めです（写真は高知市帯屋町にある「ひろめ市場」の「塩たたき」）。

GROUND POINT REVIEW

GP	亀石
GPでの過ごし方	イメージ瞑想をします(本文参照)。
GP滞在時間	6分以上

怪我をしないように軍手があるとよいです。

06 霊性

金華山頂上奥の院

宮城県石巻市鮎川浜金華山 5

人間体験をしている霊的存在として生きる。

金華山は、牡鹿半島の先に浮かぶちいさな島です。この地はあなたの霊性を目覚めさせ、「人間体験をしている霊的存在」として生きることを強烈に後押しします。

「鮎川港」から海上タクシーに乗り、15分ほどで到着（定期船がありますが、現在は日曜日に1便のみ運行。また「女川港」からも行くことができます）。東日本大震災および同年発生の台風により甚大な被害を受け、今なお復旧、改修が行なわれている最中ですが、金華山の防波堤や待合所、桟橋はその作業が一旦終わり、落ち着いた様子を見せています。

島に上陸したら、黄金山神社《こがねやまじんじゃ》に入山の挨拶をして頂上奥の院「大海祇神社《おおわだつみじんじゃ》」へ向かいましょう。登山中は「できるかぎり無言」でいるのが望ましいです。

神社右横の登山道入口から入山し、道なりにしばらく進みます。

進行方向右手にコブだらけの「大ケヤキ」が見えてきます。こちらがGP1です。全体を眺め、コブを触り、坐る場所を確保しましょう。水分補給や軽食を摂るのも構いません。リラックスして「大ケヤキ」を感じてください。そこにはのんびり、5分以上滞在します。

続いて、進行方向左手に「ブナの木」があります。

ここがGP2です。大地表面にタコの足のような根っこを張り巡らせています。足を止め、木の全体を眺め、触りましょう。そして、根を踏まない場所にのんびりと、5分以上滞在します。

続いて、神社の水源である「水神社」に行きます。2尊《そん》のお地蔵さまの手前にちいさな祠がひっそりとあります。必ず手を合わせ、それからお地蔵さまの間を通過しましょう。

尾根に出ると、ダンスをしているかのように躍動感のある、幹に丸い穴があいた木を発見するでしょう。ここがGP3です。全体を眺め、触り、木の存在を認識したら終了です（ここも、あなたの気持ち次第で坐ってください。絶対ではありません）。

登山口から頂上までは、早ければ40分、ゆっくり歩けば60分ほどで到着しますが、グランドトラベラーはGP1〜3での滞在があるので、さらに数十分を要するでしょう。

標高約444mの金華山山頂には、大海祇神社の社があります。その脇にある「岩の上」がGP4です。大海祇神社に挨拶をしたら、社を正面に見て右斜め前にある岩場に腰を下ろし、「イメージ瞑想」をします。

まずはイメージ瞑想をする準備をします。鼻から息を吐いて吸って、3〜5分ほど時間をかけ呼吸を整えるのです。全身をリラックスさせ、部分的に緊張している箇所があれば、少し動かして筋肉を緩めます。鼻呼吸に意識を向けましょう。風を感じ、耳に届く音を聴き、匂いを嗅ぎましょう。

身体がGP4に馴染んできたと感じたら、次のことをイメージします。

あなたのお尻の下にある岩や土を感じ、お尻から大地のエネルギーが背骨を通って上がっていき、頭の中を通過して頭頂から出ていく。それは頭上のはるか上まで上がっていく、というイメージします。あなたができる一番高い位置をイメージしましょう。このイメージを繰り返し、10〜15分続けます。

下山の際には、大海祇神社の社前にある地中に一部が埋まっている「石」に必ず触れてから、来た道を戻りましょう。黄金山神社にも下山の報告を兼ねた挨拶を忘れないように。

最後にもう一か所、GP5があります。境内にある「相生《あいおい》の松と楓」です。この木に触れてください。軽く触れるだけで終わりです（木が痛まないよう、そっと触れてください）。

GP1

大ケヤキ

GP1での過ごし方

たくさんのコブ！ 存在感があります。いろんな角度から眺め、そっと触れてみましょう。

GP1滞在時間

5 分以上

GP2

根っこがタコの吸盤のような「ブナの木」
コブだらけの「大ケヤキ」からほど近いところ（進行方向左手）にあります。

GP2での過ごし方

本文参照

GP2滞在時間

5 分以上

GP3

ダンスをしているような木

GP3での過ごし方

ここまで来たら頂上まではあと少しです。見晴らしのよさにも目を向けて、風や匂いも感じましょう。

GP3滞在時間

本文参照

GP4

金華山山頂の「岩の上」

GP4での過ごし方

呼吸を整え、全身をリラックスさせてこの場に腰を下ろしましょう。「イメージ瞑想」が難しく感じるならば、ただ静かに坐っているだけでも十分です。あなたの呼吸を意識し、あなたの肉体を意識し、あなたの頭頂部分を意識しましょう。

GP4滞在時間

本文参照

GP5

相生の松と楓

GP5での過ごし方

下山したら再度、黄金山神社に参拝をして「相生の松と楓」のところへ行き、そっと触れましょう。

GP5滞在時間

本文参照

大海祇神社正面にある石。GP4で「イメージ瞑想」をした後、こちらの石に必ず触れましょう。あなたの霊性を目覚めさせます。

奥の院、大海祇神社《おおわだつみじんじゃ》。金華山は日本の鬼門にあたる重要なポイントです。あなたとあなたに関わるすべての人々、そしてすべての存在への感謝を。

女川港から行く場合も鮎川港から行く場合も、船の運航を調べてください。現地はいまなお震災後の復旧で日々変動しておりますし、天候によっても変わります。

06 霊性

他の場所

「霊性」に効果のある土地（場所）です。先に紹介しました3か所と合わせて、全部で18か所あります。あなたは、どちらの6か所を選んで行かれるでしょうか。

左記の土地は、**その場所へ行くだけで効果が得られる**ため「GP」指定をしておりません。五感を研ぎ澄まし「場」を意識してみてください「あなただけのGP」を感じることでしょう。

五稜郭公園

- 北海道函館市五稜郭町 44

大湯環状列石

- 秋田県鹿角市十和田大湯万座 45

鳥海山・鳥海山大物忌神社（山頂の「御本社」）

- 山形県飽海群遊佐町吹浦字布倉 1

須須神社・奥宮

- 石川県珠洲市狼煙町カ 74

諏訪神社・四社

- 長野県
- 上社前宮・諏訪市中洲宮山 1
- 下社春宮・諏訪郡下諏訪町 5828
- 上社本宮・茅野市宮川 2030
- 下社秋宮・諏訪郡下諏訪町 193

鹿島神宮

- 茨城県鹿嶋市宮中 2306-1

皇居

- 東京都千代田区千代田 1-1

西湖

- 山梨県南都留郡富士河口湖町西湖

平泉寺白山神社

- 福井県勝山市平泉寺町平泉寺 56

京都御所

- 京都府京都市上京区京都御苑 3

伊雑宮

三重県志摩市磯部町上之郷 374

玉置神社

奈良県吉野郡十津川村玉置川 1

弥山

広島県廿日市市宮島町弥山

宗像神社・中津宮

福岡県宗像市大島 1811

①小値賀島・地ノ神島神社

長崎県北松浦郡小値賀町前方郷 3939

②野崎島・沖ノ神嶋神社・王位石

長崎県北松浦郡小値賀町笛吹郷 2791-13

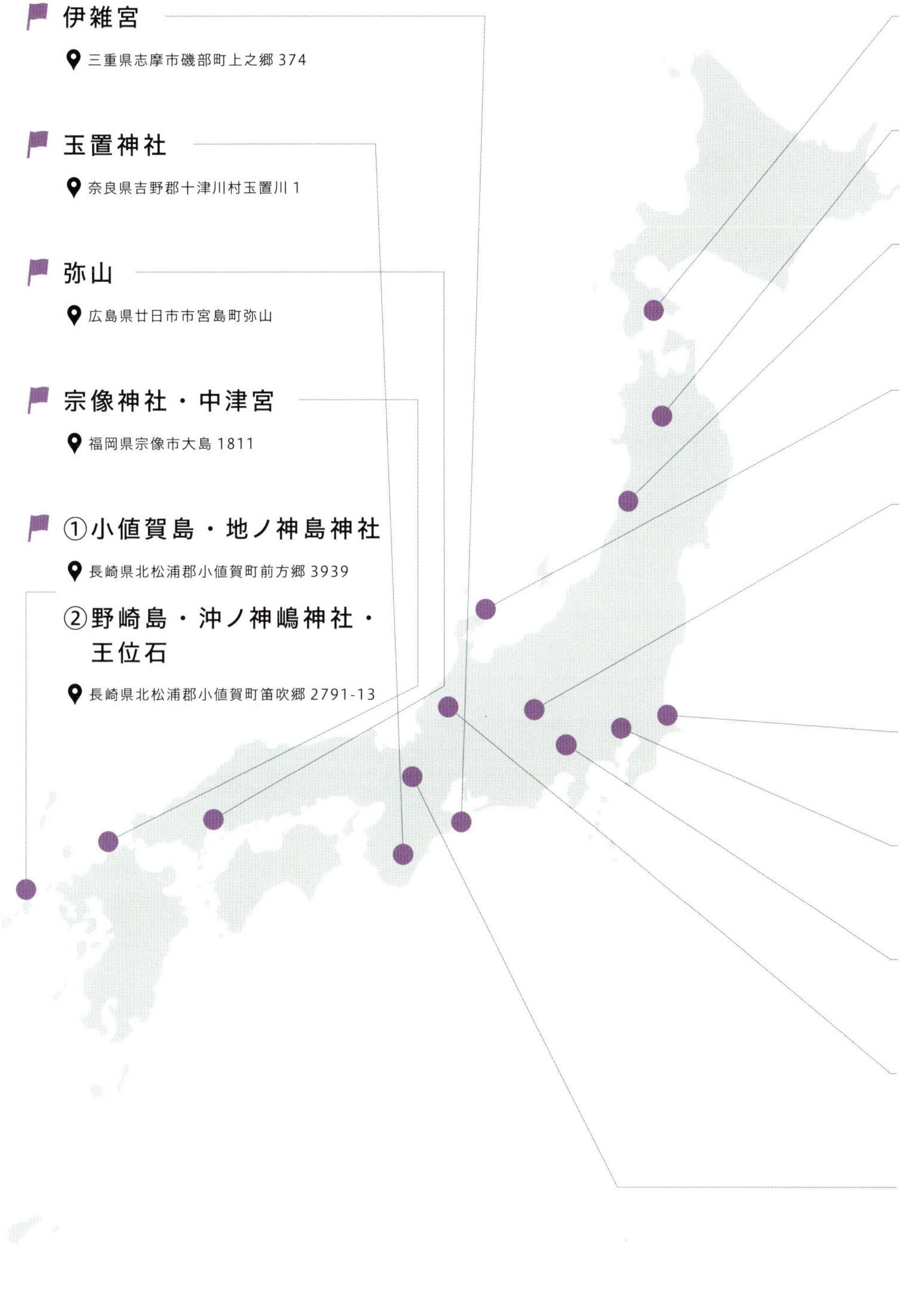

意識だけのグランドトラベル「エアーグランドトラベラー」

Air Ground Traveler

なんらかの物理的制約があってグランドトラベルできない、そんなかたのために、次のことを提案します。

ちいさな行動をして、**エアートラベル**しよう。

諸事情あってグランドトラベルできない場合でも、あきらめないでください。インターネットという文明の利器を使って、まずは「ちいさな行動」を起こしましょう。

まず、スマートフォンまたはパソコンの使用が前提になりますが、紹介した108か所のうちどれか1つを選び、土地の名称や住所をインターネットで検索してみてください。すぐにたくさんの情報が出てきます。それをただ、「へ～、こういうところなんだ」と眺めるだけです。YouTubeなど動画配信されているものがあれば、そちらを優先しましょう。これが「ちいさな行動」です。

「ちいさな行動」をした次には、「まるで本当に旅をするかのような計画を立て」ます。ここから少し難易度が高くなります。1泊2日で行くのか、2泊3日なのか。現地まで電車で行くのかバスを使うのか。何時の列車で行くのか。誰と行くのか。GP以外に立ち寄りたい場所があるとすれば、それはどこなのか・・・・・。「本当に行くつもり」で計画を立てます。そして、この日に行くと計画した

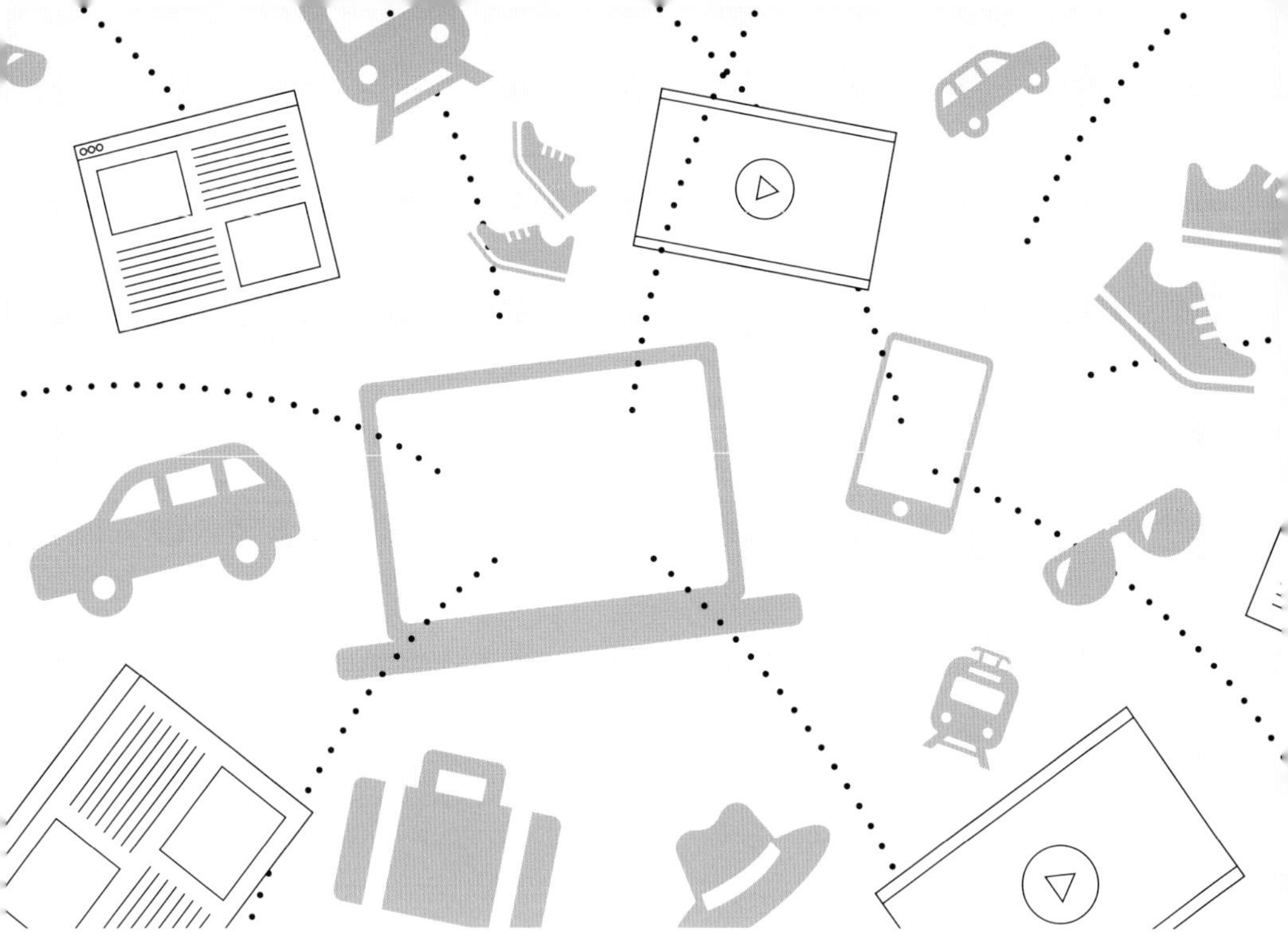

当日、「意識での旅」をするのです。あなたの想像力をフル活動させてイメージを膨らませ、「土地を訪れて」ください。

意識での旅「エアートラベル」で望みを叶える際、とても大事なことがあります。それは、**「感情や感覚を伴うこと」**です。つまり、臨場感を持つことです。最初はあなたが作った「想像」や、もしかしたら「妄想」かもしれません。しかし、本気で「意識での旅」をすると、現地を流れる風や、あなたを包む音や匂いまでも感じてくる場合があります。

エアーグランドトラベラーは、ワクワクしたりドキドキする臨場感をどうぞお忘れなく!

グランドトラベラーが押さえるべきは「6」

"6" places

本書では、ひとの望みのタイプを次の6項目に分類し、それぞれ望みが叶う場所を紹介してきました。

対人関係・パートナーシップ
富・財産・お金
健康
恋愛
仕事・才能
霊性

そして、1つの項目に対して6か所訪れることをお勧めしています。「6か所も行くなんてたいへんだ」と感じるかたも、もしかしたらいるかもしれません。ところが、この「6か所」訪れることが実は重要なのです。その理由を少し説明します。

実は、この世は「3」という数を基本にして、さまざまなことが成り立っています。「3」が1単位ですが、1単位だけでは動きはありません。2単位（つまり「6」）あってはじめて動きが生まれ、現象化が起きるのです。

したがって、あなたが選んだ6か所の土地を「意識的に」訪れることによって、あなたのエネルギーと土地のエネルギーのネットワーク（連絡網、回路網によって相互通信

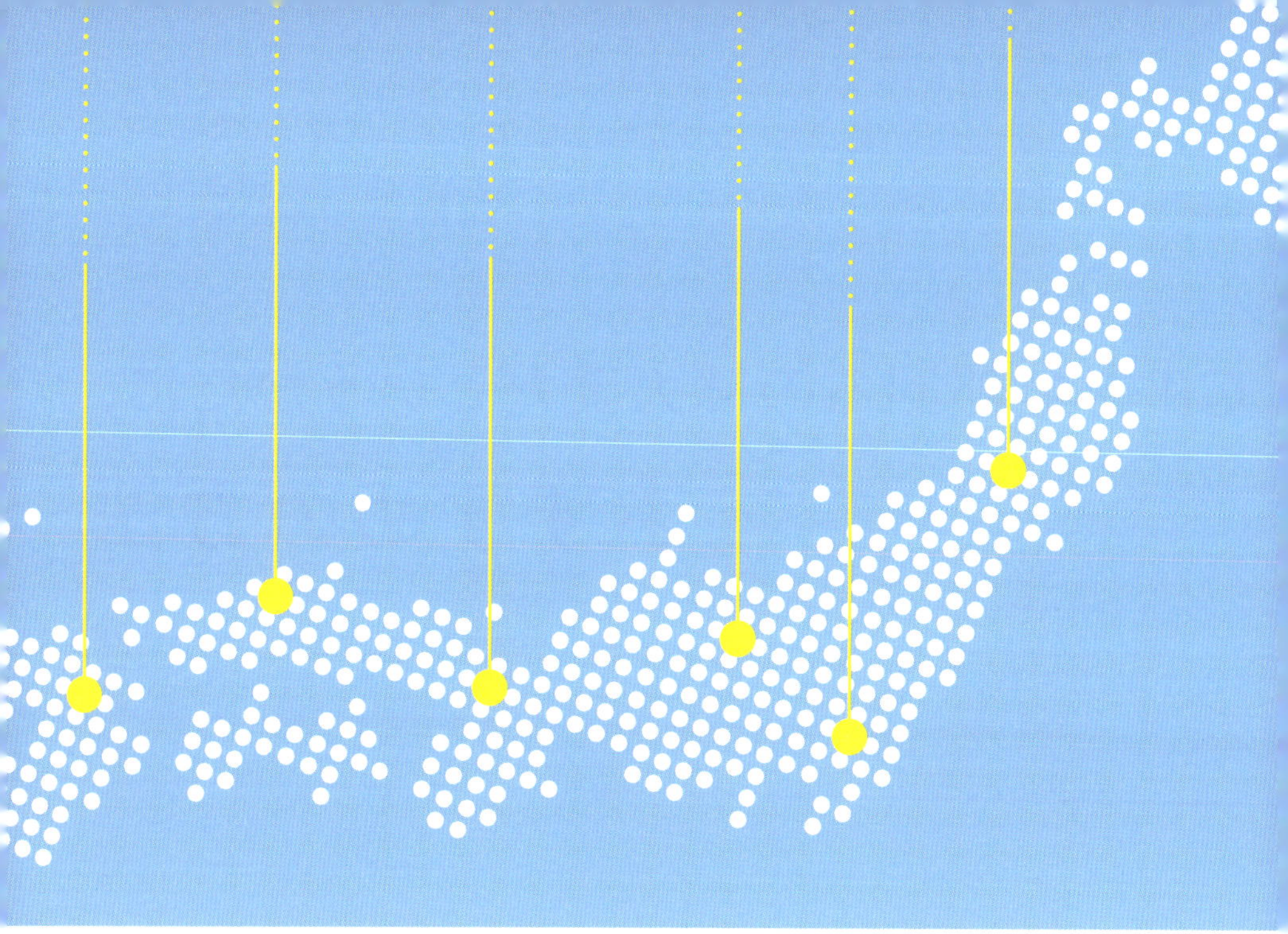

する）が構築されます。この「6か所」のネットワークを確保しておくと、安定的に走行してくれます。

手堅く望みを叶えるには「6」つの場所を訪れて、安定した「マイネットワーク」を作り、効率よく土地のパワーを借りるのがよいでしょう。

GPを全部回るのは大変だというかたに、おすすめの方法

Recommended Method

各項目は、それぞれ「対」になっている項目があります。

その「対」になっている一方の項目だけに集中して取り組んでおくと、結果的にもう一方もよくなってきます。

「対」の関係は次の通りです。

> 「対人関係・パートナーシップ」と「恋愛」
> 「富・財産・お金」と「仕事・才能」
> 「健康」と「霊性」

たとえば、あなたが「対人関係・パートナーシップ」項目で叶えたいことがあり、この項目のGPを訪れるとします。1か所目、2か所目、3か所目・・・・・・、と続けているうちに、不思議と「恋愛」に関することに変化が生じていたりします。

「対人関係・パートナーシップ」の望みを叶えるためにグランドトラベルしていたのに、恋愛に変化が起きるのです。とても興味深いことです。

他も同様で、「対」の関係になっているものは相互に影響を与え合います。

6項目全部に叶えたいことがあり、困っているのであれば、単純に半分の3項目に減らすことができます。その3項目のうち、優先順位が高いところに「まずは集中する」やり方をするとよいでしょう。

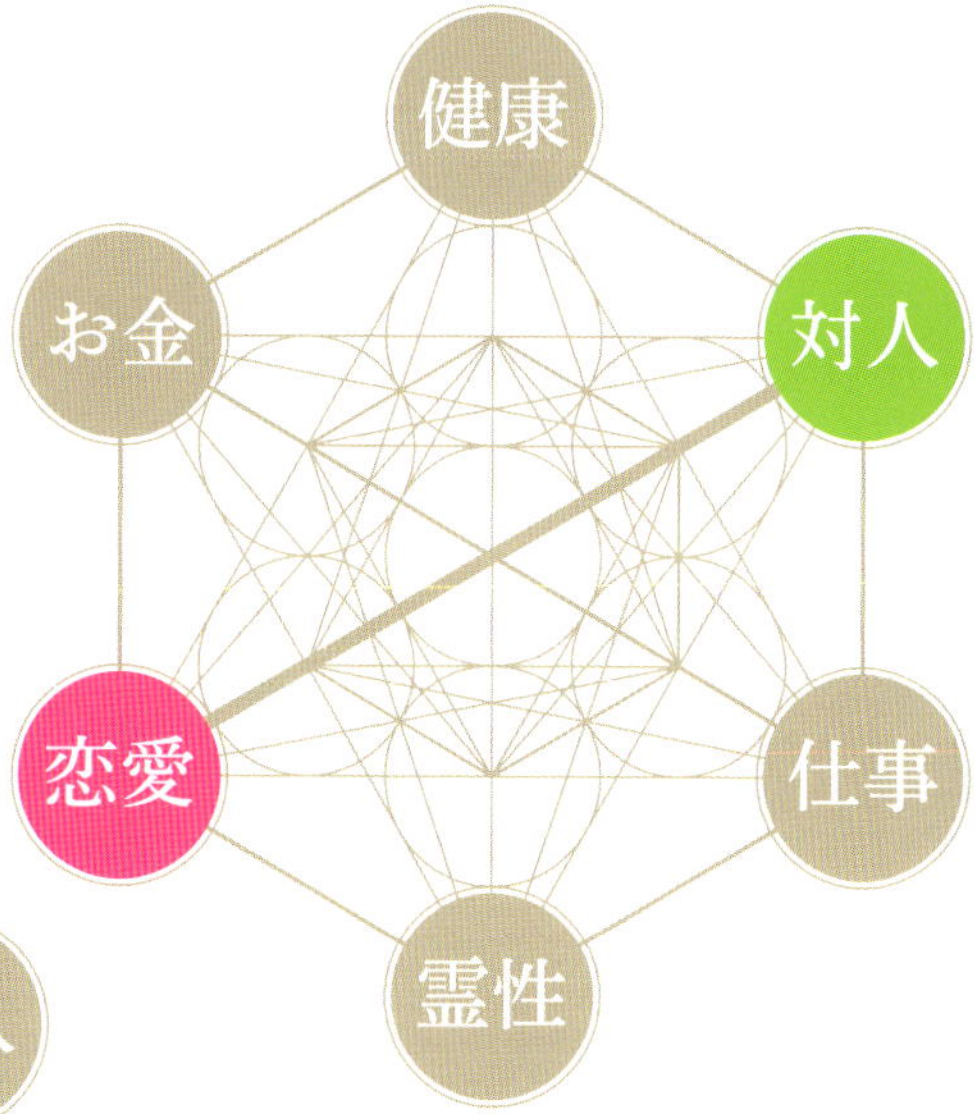

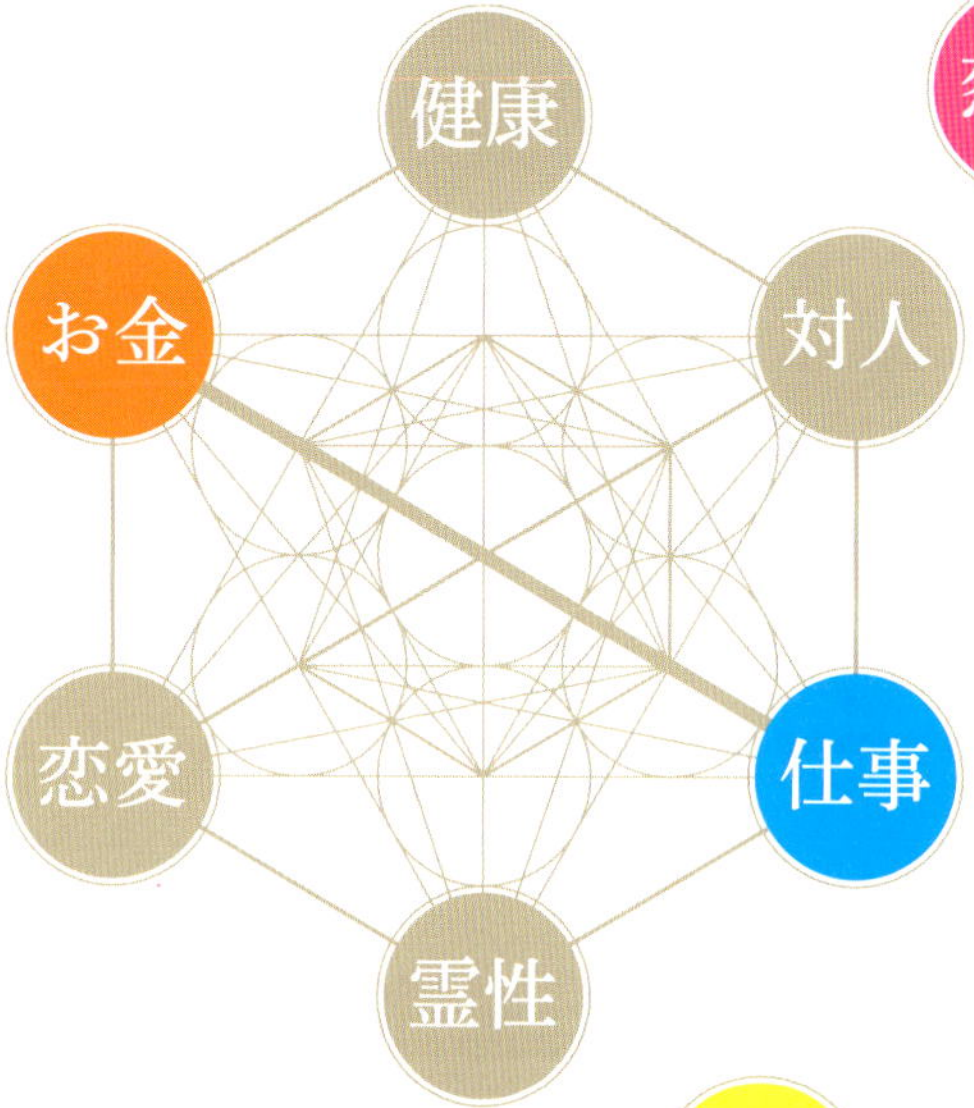

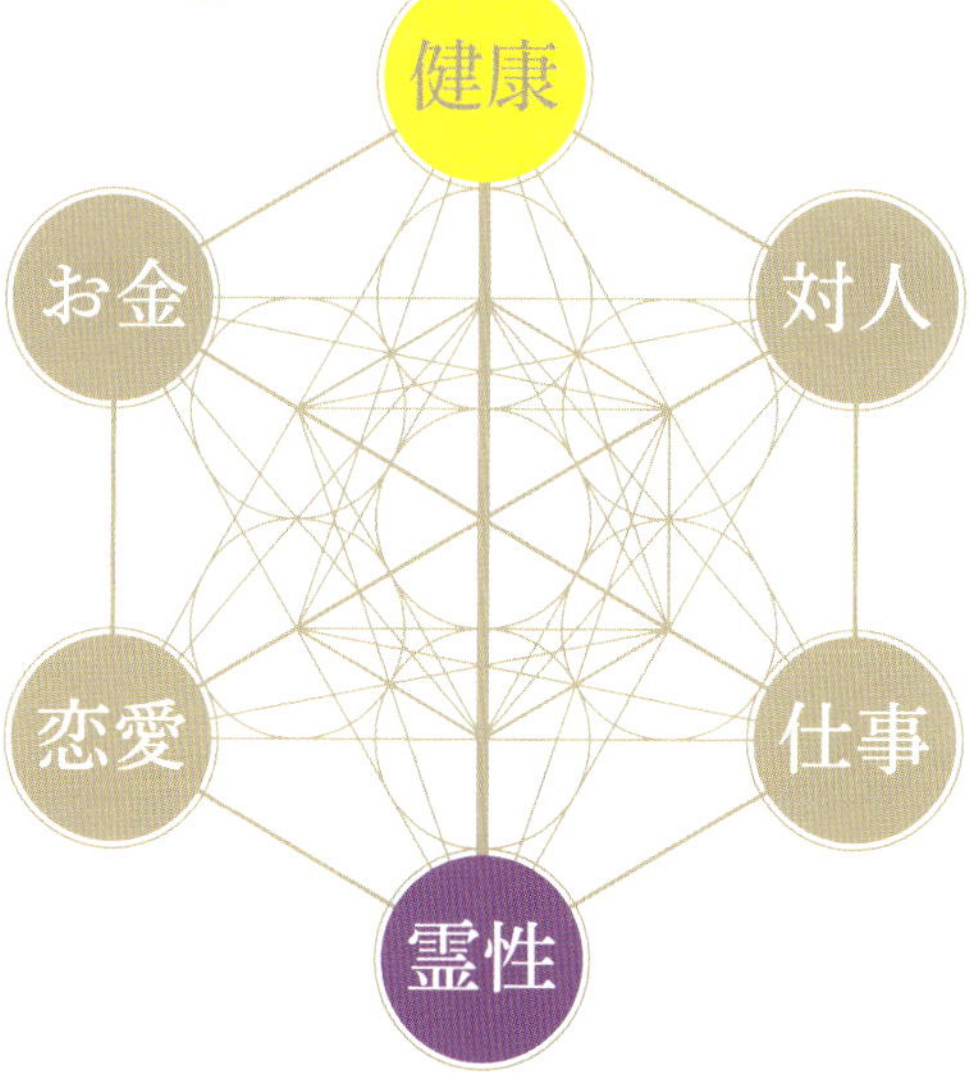

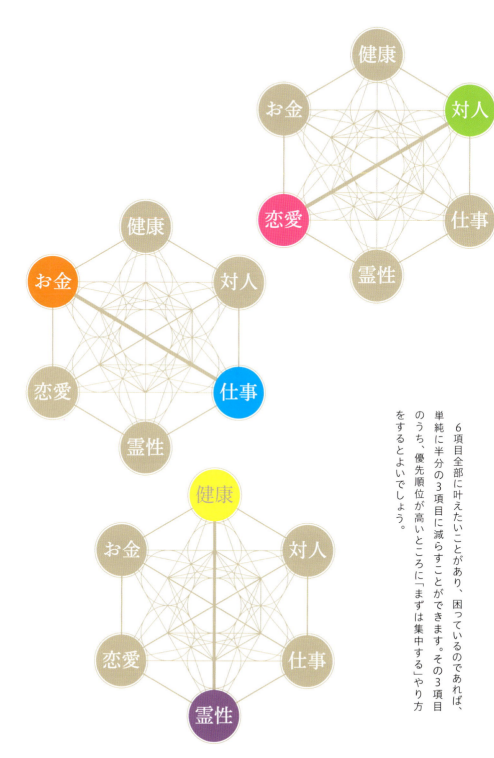

おわりに

Message

本書を最後までお読みいただき、ありがとうございます。訪れてみたい土地、味方につけたい土地はありましたか。

日本の国土はちいさいとはいえ、「地面力」の強い土地がここかしこに存在しています。そのため、１０８か所に絞ることはとてもしのびなかったです。「あれ？　あの土地、載っていないなぁ」と思われている読者もいらっしゃることでしょう。

土地のエネルギーはずっと同じということはありません。場所によっては、「あと数年はパワーがあるがその後は収束していく土地」や、逆に「現在は力は弱いが数年後にはパワー全開になる土地」があります。本書で紹介した土地は、向こう5年ほど「安定したやや強めのパワー」を保っているところです（厳密にいえば、土地によって異なります。興味のあるかたは「グランドトラベラーFBグループ」※で語っていこうと思いますので、そちらへご参加ください）。

望みの種類にかかわらず、「いいかも！」とあなたが感じた土地があれば、ぜひそこへ足をお運びください。ピンと来た感覚に従って動くことは、土地とあなたとのつながりをより一層強いものにします。

「自分に自信が持てるようになり、能動的に自分の人生を創っていこうとする、そんな内容で本を書いてもらえませんか？」と書籍出版のお話を頂いたとき、「ただ読むだけのものではなく、動きが伴うものになるだろうな」と直感的に思いました。そしてできましたのが本書です。読んでくださったあなたが、望みを叶えるために旅をして「動けば叶う」ことを体験し、自信と能動性を発揮しながら自己実現されることを心から願っています。

最後に、本書を発行するにあたり大変お世話になった「マザー出版」の井後史子さまをはじめ、ご尽力、ご協力、励ましいただきましたすべての方々へ、心から感謝申し上げます。

令和元年　初秋

橋本尚子

※グランドトラベラー FB グループ

https://www.facebook.com/groups/562534917602960/

巻末付録

MY GROUND NETWORK

〈マイグランドネットワーク〉

意識的に土地を訪れる旅をしたグランドトラベラーは、
強力な現実化のサポートを得ます。

あなたと土地のつながり
「GROUND NETWORK」を
ここに記録しよう！

マイグランドネットワークページの使い方

①グランドネットワークを作る

6つの円の中に「**実際に訪れたGP（グランドポイント）**」を、中心にある六芒星の中には「**心願（あなたの叶えたい願い）**」を書いてください。

GPが6つ集まるとそれぞれの項目のあなたのグランドネットワークが完成します。

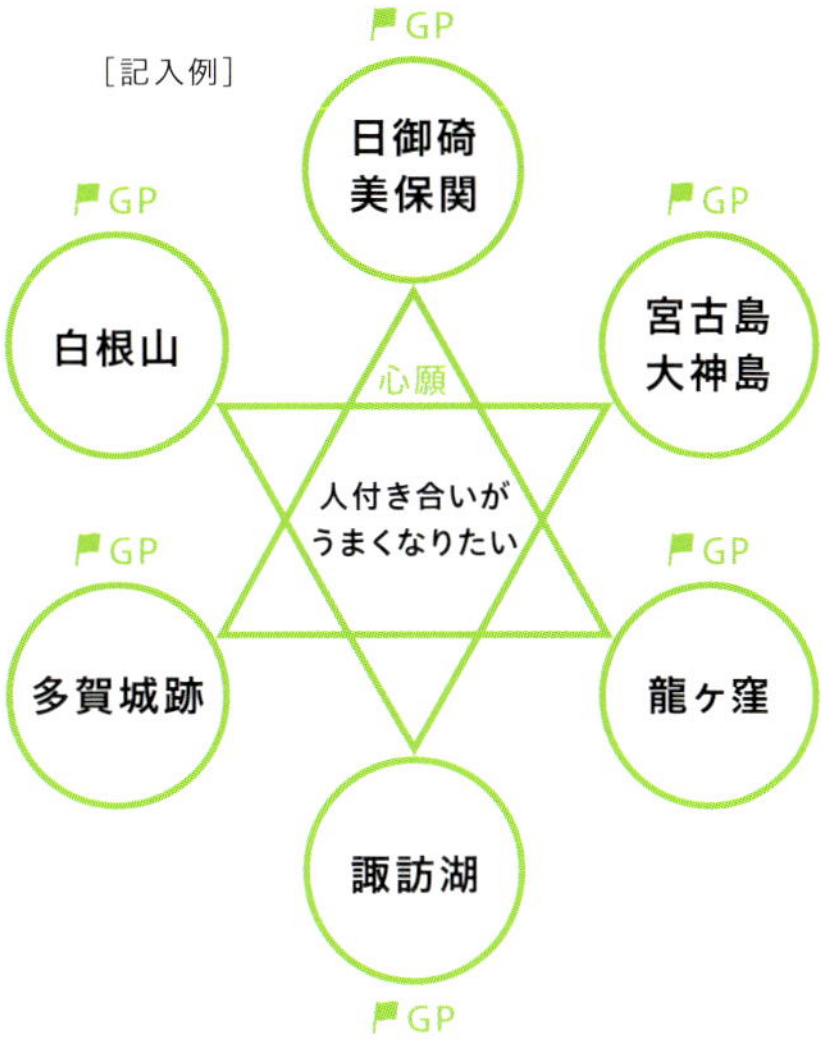

②日本地図にマッピングする

①で訪れた6か所のGPを地図上に印していきます。あなたのGPネットワークが一目瞭然になり、意識が更に強まります。

③グランドトラベラー note を活用する

「書く」という行為は、現実化を促します。書くことによって、あなたの頭の中や心の中が整理され、また同時に脳や潜在意識は刺激されます。グランドトラベルする前や、している最中、または帰宅後、noteに「見たもの、食べたもの、感じたこと、出会った人、発見、気付き」など、なんでも自由に書き込んでおきましょう。

［巻末付録］

MY GROUND NETWORK

01

対人関係・パートナーシップ

「対人関係・パートナーシップ」のグランドネットワーク

GP …グランドポイント
心願 …あなたの叶えたい願い

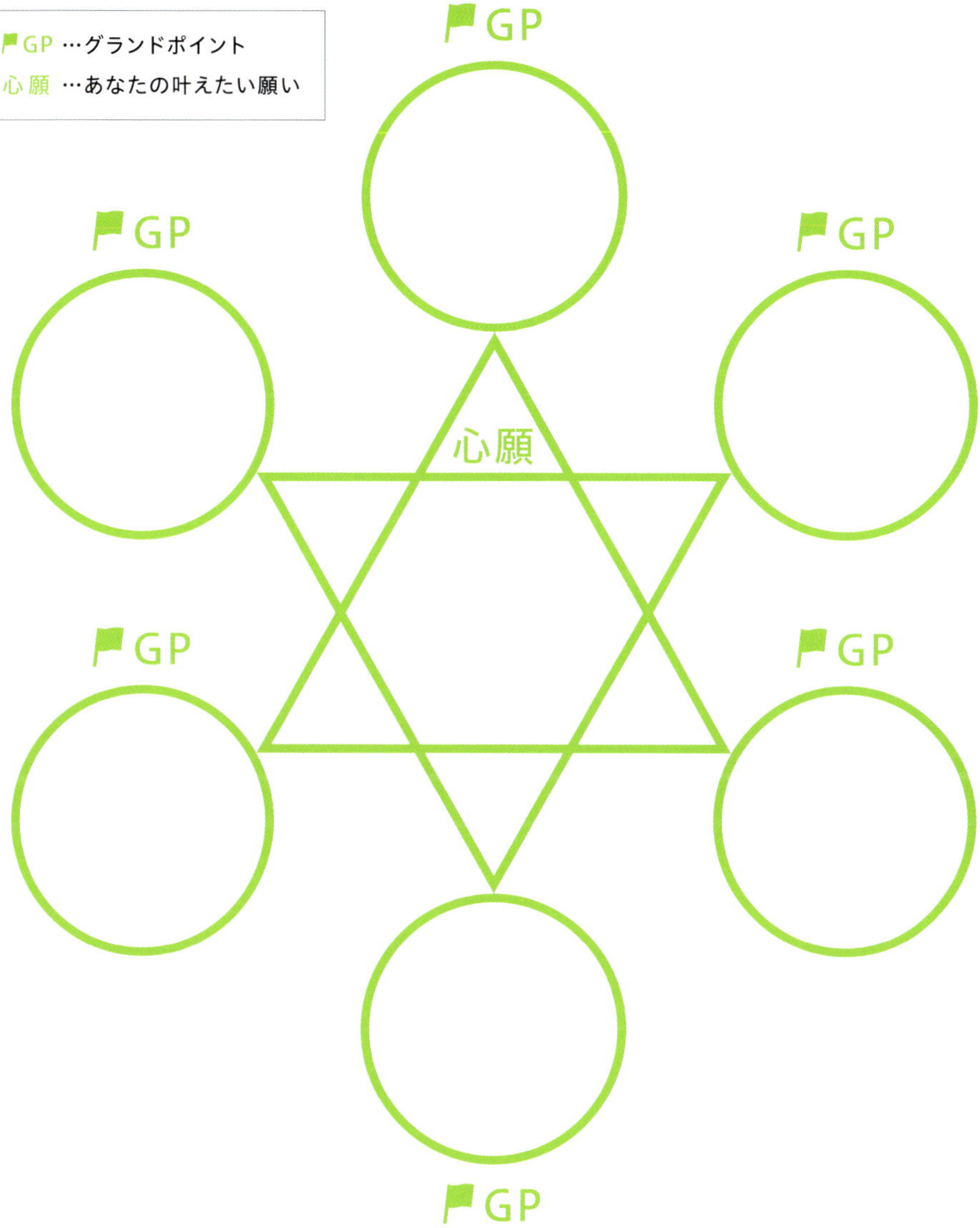

実際に訪れたGPを書いてください。

6つ集まると「**対人関係・パートナーシップ**」のあなたのグランドネットワークが完成します！

日本地図にマッピングしよう

訪れた6か所のGPを地図上に印しておけば、あなたの「**対人関係・パートナーシップ**」のGPネットワークが一目瞭然になり、意識が更に強まります。

グランドトラベラー note

対人関係・パートナーシップ

訪れた場所名はもちろん、いつ、だれと、どのようにして行ったのか、などを記しておきましょう。また、訪れた際に感じた感情や感覚、天候のことなども書いておくとよいです。「書く」という動作をすることで、願いは非常に叶いやすくなります。

訪れた場所で「インスピレーション」などがあった際には、必ず書いておきましょう。言葉にできる場合は言葉で、言葉にできない場合は色や絵で残しておきます。それは後に、きっとあなたに役立つ情報となるでしょう。

［巻末付録］

MY GROUND NETWORK

02

富・財産・お金

「富・財産・お金」のグランドネットワーク

GP …グランドポイント
心願 …あなたの叶えたい願い

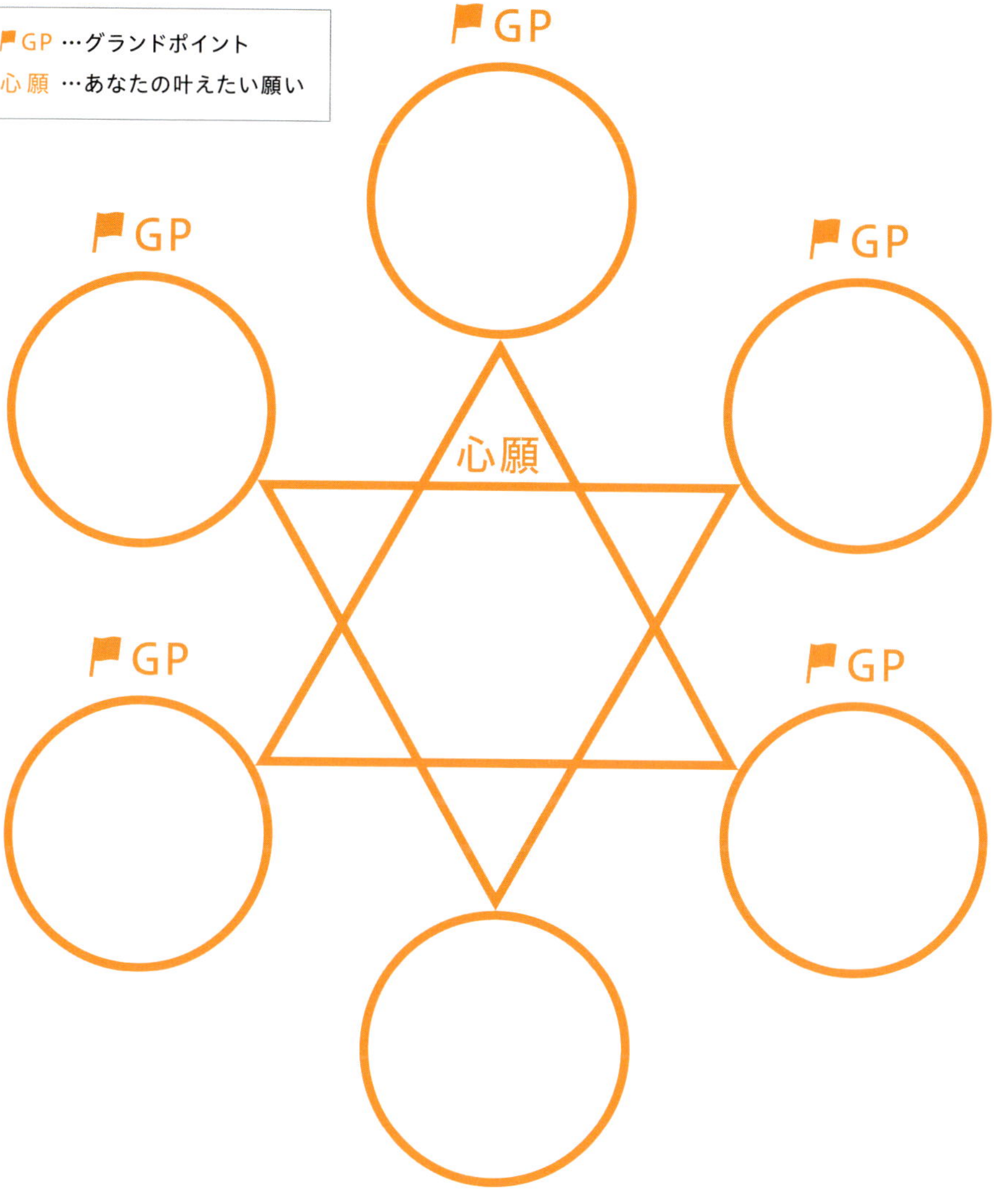

実際に訪れたGPを書いてください。
6つ集まると「**富・財産・お金**」のあなたのグランドネットワークが完成します！

日本地図にマッピングしよう

訪れた6か所のGPを地図上に印しておけば、あなたの「**富・財産・お金**」のGPネットワークが一目瞭然になり、意識が更に強まります。

グランドトラベラー note

富・財産・お金

訪れた場所名はもちろん、いつ、だれと、どのようにして行ったのか、などを記しておきましょう。また、訪れた際に感じた感情や感覚、天候のことなども書いておくとよいです。「書く」という動作をすることで、願いは非常に叶いやすくなります。

訪れた場所で「インスピレーション」などがあった際には、必ず書いておきましょう。言葉にできる場合は言葉で、言葉にできない場合は色や絵で残しておきます。それは後に、きっとあなたに役立つ情報となるでしょう。

［巻末付録］

MY GROUND NETWORK

03

健康

「健康」のグランドネットワーク

GP …グランドポイント
心願 …あなたの叶えたい願い

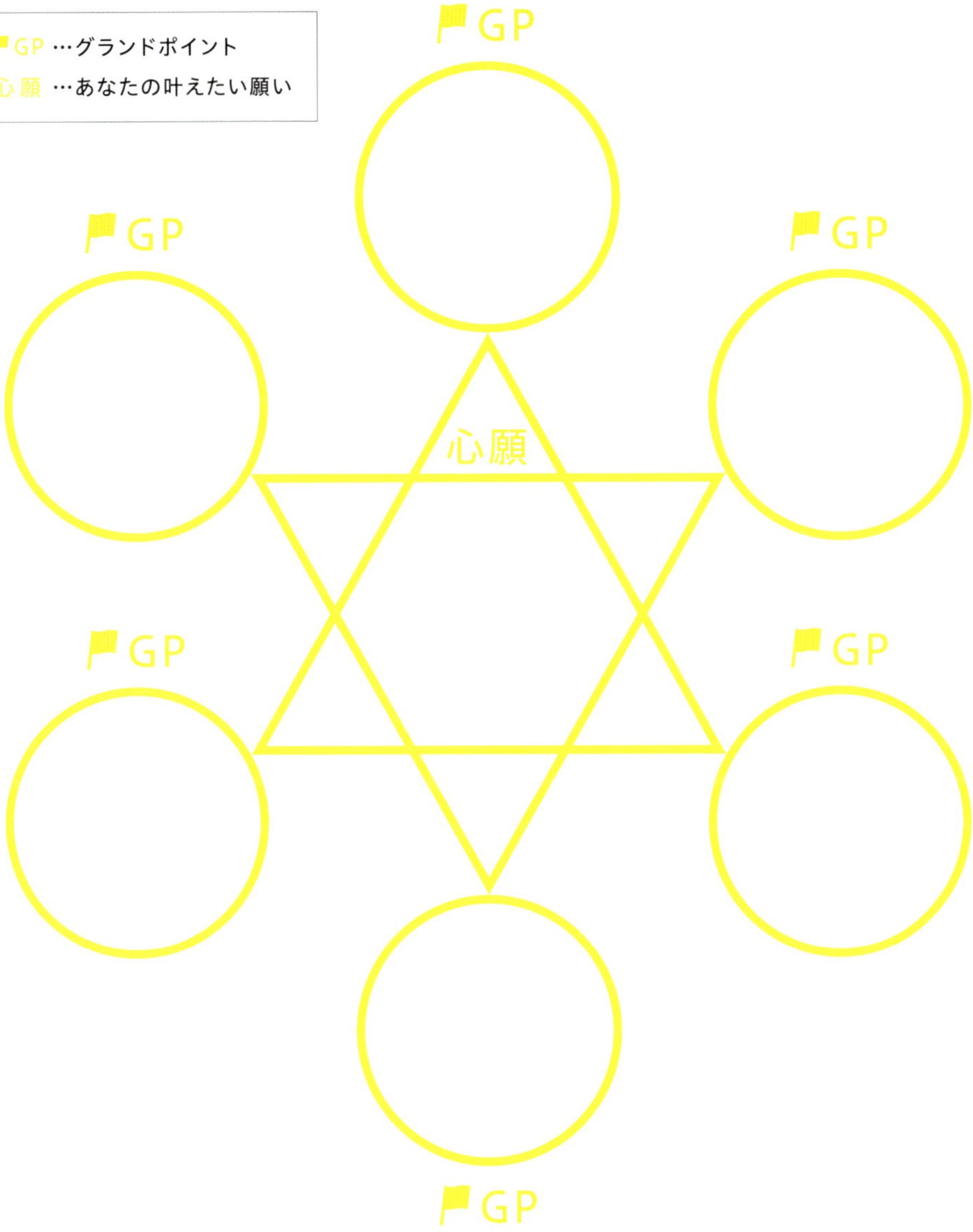

実際に訪れたGPを書いてください。
6つ集まると「**健康**」のあなたのグランドネットワークが完成します！

日本地図にマッピングしよう

訪れた6か所のGPを地図上に印しておけば、あなたの「**健康**」のGPネットワークが一目瞭然になり、意識が更に強まります。

グランドトラベラー note

健康

訪れた場所名はもちろん、いつ、だれと、どのようにして行ったのか、などを記しておきましょう。また、訪れた際に感じた感情や感覚、天候のことなども書いておくとよいです。「書く」という動作をすることで、願いは非常に叶いやすくなります。

訪れた場所で「インスピレーション」などがあった際には、必ず書いておきましょう。言葉にできる場合は言葉で、言葉にできない場合は色や絵で残しておきます。それは後に、きっとあなたに役立つ情報となるでしょう。

[巻末付録]

MY GROUND NETWORK

04

恋愛

「恋愛」のグランドネットワーク

GP …グランドポイント
心願 …あなたの叶えたい願い

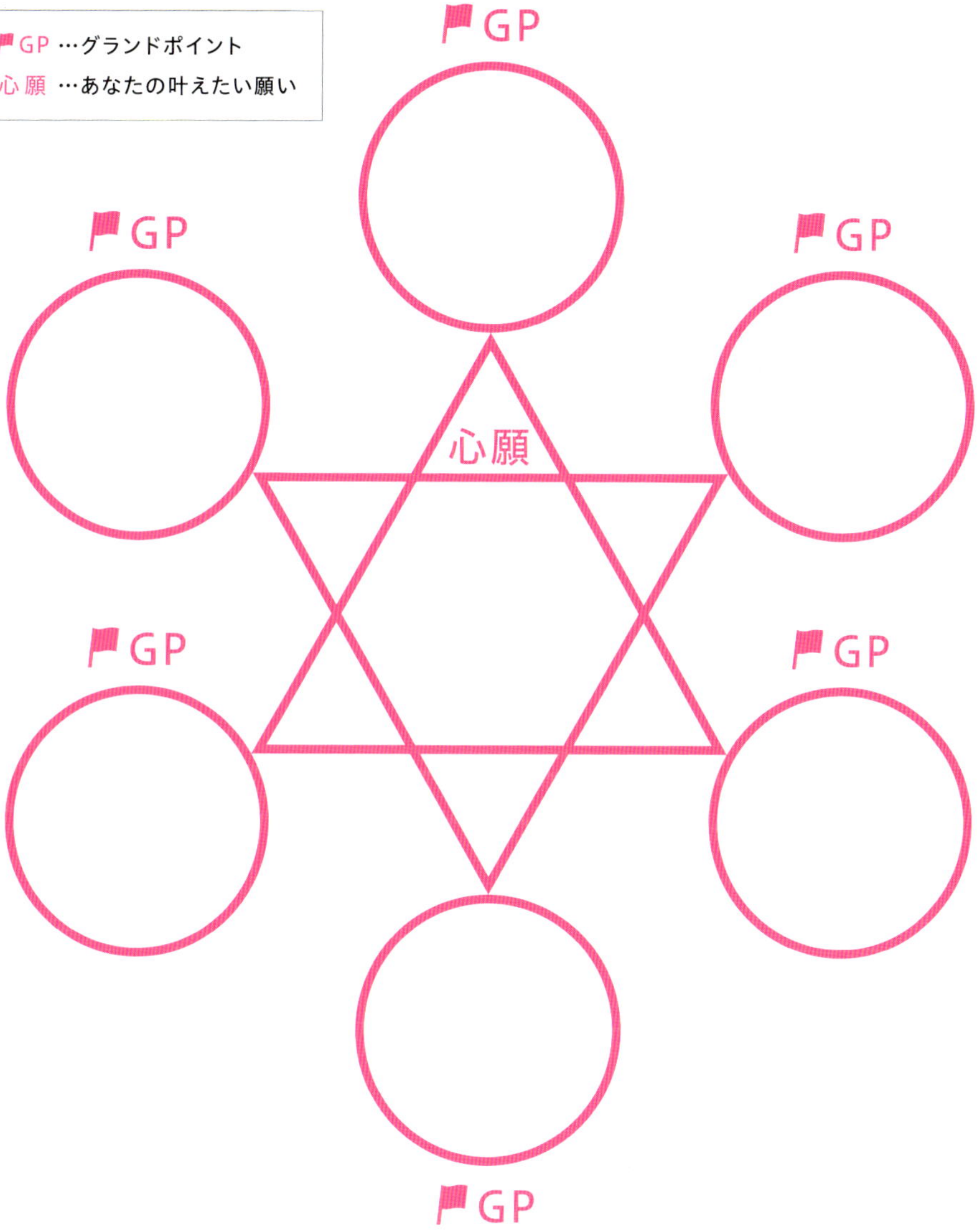

実際に訪れたGPを書いてください。
6つ集まると「**恋愛**」のあなたのグランドネットワークが完成します！

日本地図にマッピングしよう

訪れた6か所のGPを地図上に印しておけば、あなたの「**恋愛**」のGPネットワークが一目瞭然になり、意識が更に強まります。

グランドトラベラー note

恋愛

訪れた場所名はもちろん、いつ、だれと、どのようにして行ったのか、などを記しておきましょう。また、訪れた際に感じた感情や感覚、天候のことなども書いておくとよいです。「書く」という動作をすることで、願いは非常に叶いやすくなります。

訪れた場所で「インスピレーション」などがあった際には、必ず書いておきましょう。言葉にできる場合は言葉で、言葉にできない場合は色や絵で残しておきます。それは後に、きっとあなたに役立つ情報となるでしょう。

[巻末付録]

MY GROUND NETWORK

05

仕事・才能

「仕事・才能」のグランドネットワーク

GP …グランドポイント
心願 …あなたの叶えたい願い

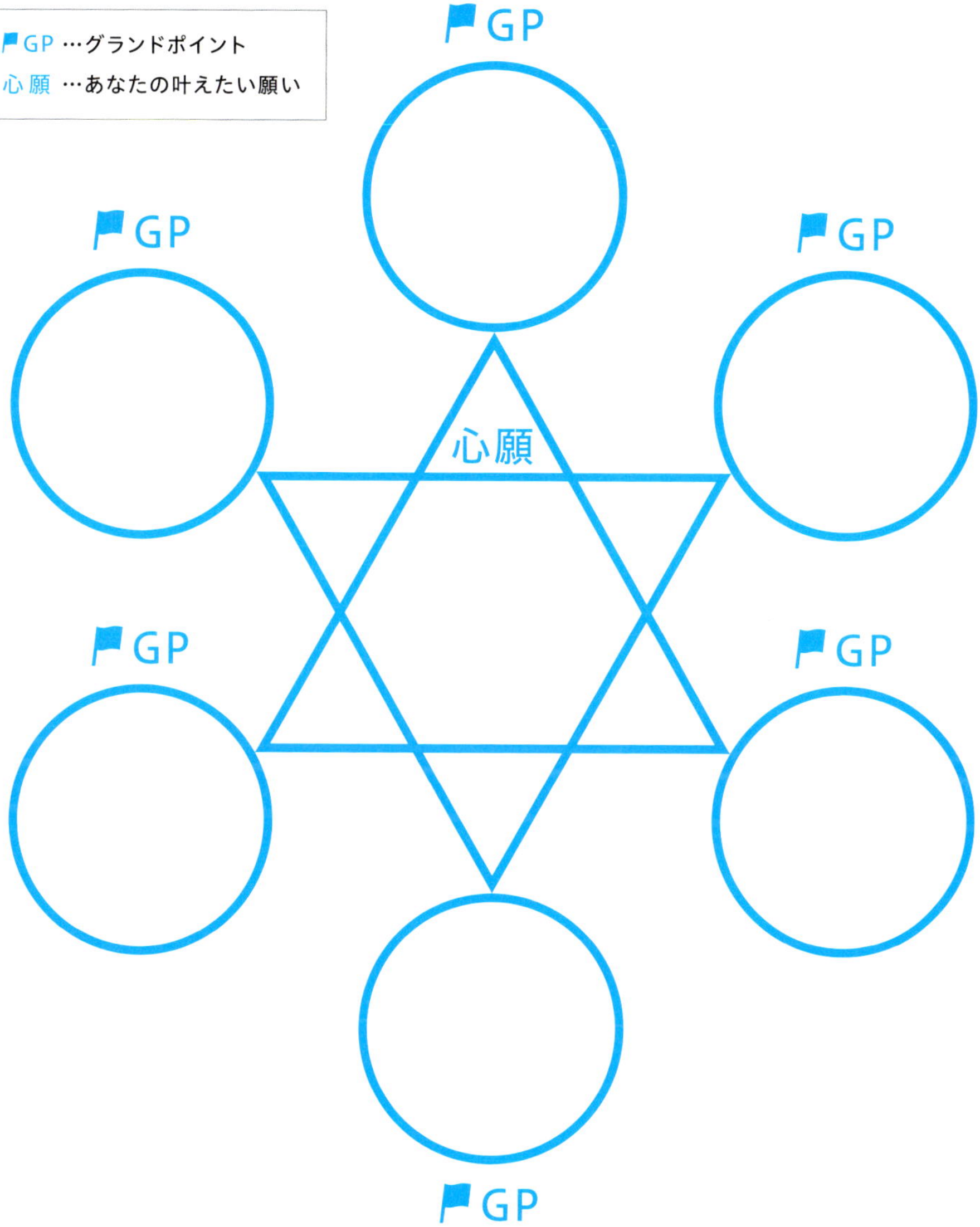

実際に訪れたGPを書いてください。
6つ集まると**「仕事・才能」**のあなたのグランドネットワークが完成します！

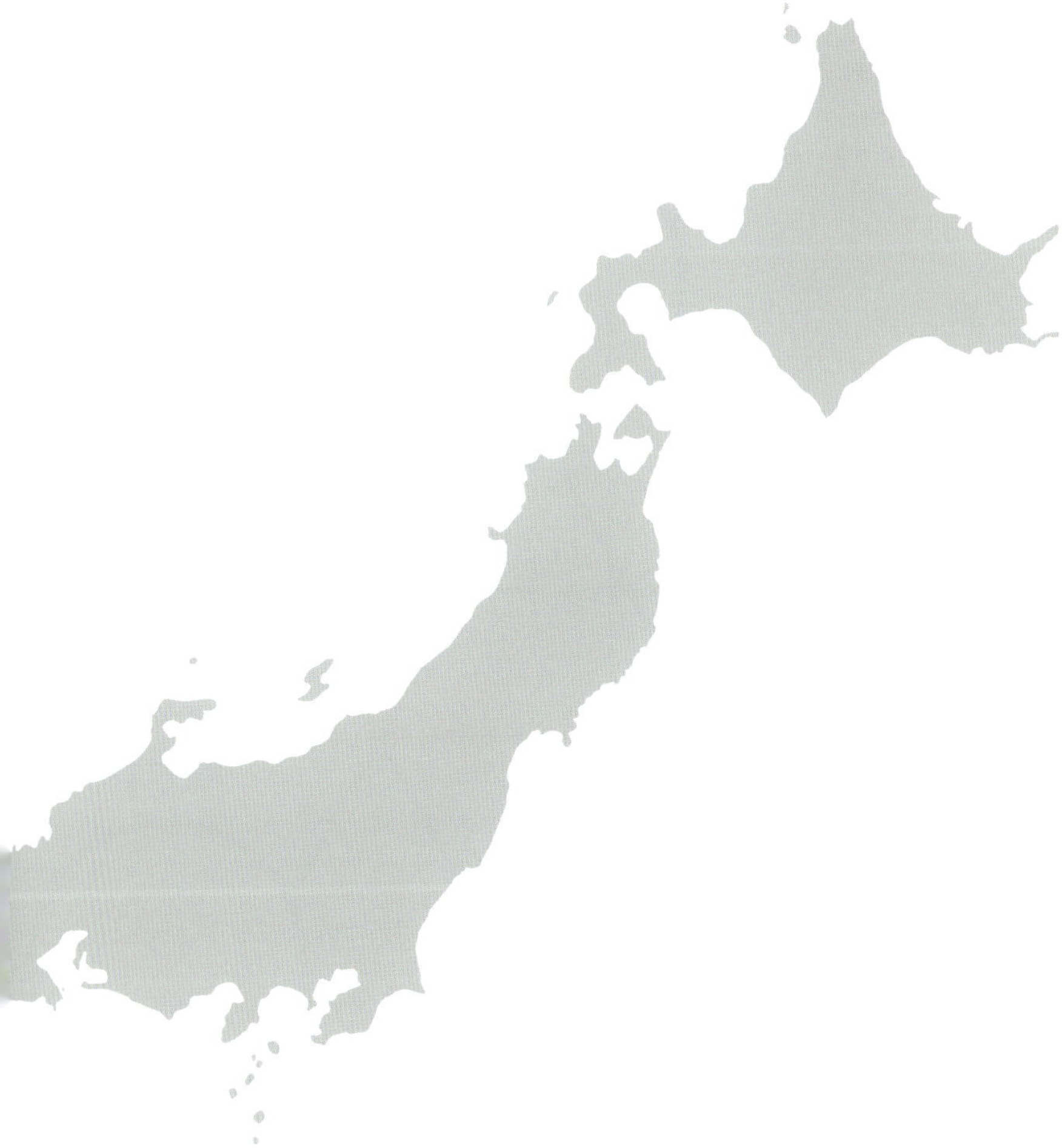

日本地図にマッピングしよう

訪れた6か所のGPを地図上に印しておけば、あなたの「**仕事・才能**」のGPネットワークが一目瞭然になり、意識が更に強まります。

グランドトラベラー note

仕事・才能

訪れた場所名はもちろん、いつ、だれと、どのようにして行ったのか、などを記しておきましょう。また、訪れた際に感じた感情や感覚、天候のことなども書いておくとよいです。「書く」という動作をすることで、願いは非常に叶いやすくなります。

訪れた場所で「インスピレーション」などがあった際には、必ず書いておきましょう。言葉にできる場合は言葉で、言葉にできない場合は色や絵で残しておきます。それは後に、きっとあなたに役立つ情報となるでしょう。

［巻末付録］

MY GROUND NETWORK

06

霊性

「霊性」のグランドネットワーク

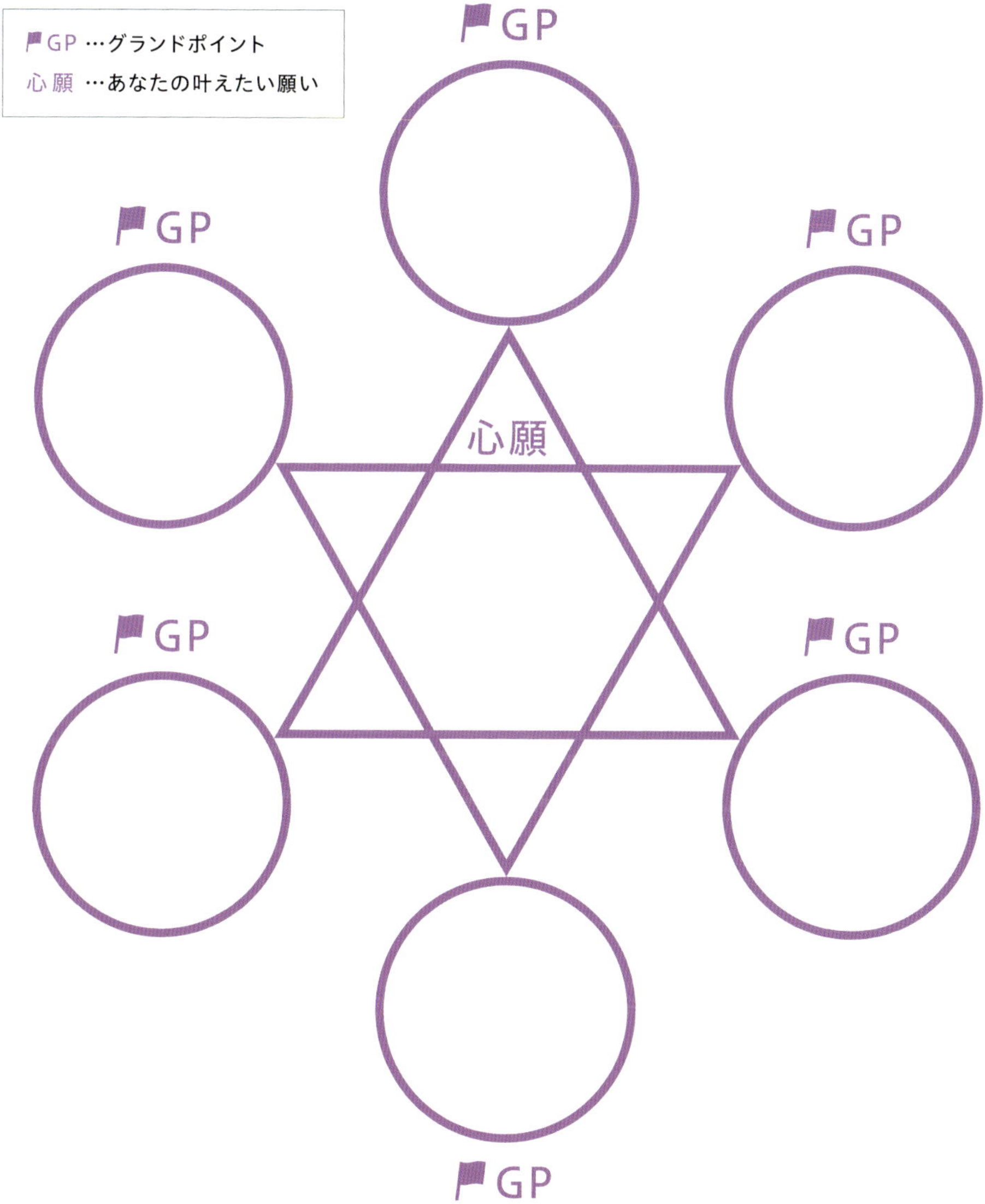

実際に訪れたGPを書いてください。
6つ集まると「**霊性**」のあなたのグランドネットワークが完成します！

日本地図にマッピングしよう

訪れた6か所のGPを地図上に印しておけば、あなたの「**霊性**」のGPネットワークが一目瞭然になり、意識が更に強まります。

グランドトラベラー note

霊性

訪れた場所名はもちろん、いつ、だれと、どのようにして行ったのか、などを記しておきましょう。また、訪れた際に感じた感情や感覚、天候のことなども書いておくとよいです。「書く」という動作をすることで、願いは非常に叶いやすくなります。

訪れた場所で「インスピレーション」などがあった際には、必ず書いておきましょう。言葉にできる場合は言葉で、言葉にできない場合は色や絵で残しておきます。それは後に、きっとあなたに役立つ情報となるでしょう。

グランドトラベラー　驚異のミラクル地面力

2019年10月29日　初版発行

著者　　橋本尚子

発行者　井後史子
発行所　マザー出版
〒578-0964 大阪府東大阪市新庄西6-3
Tel. 06(4309)7023　Fax. 06(4309)2332
[ホームページ] http://www.mother-g.co.jp

制作　株式会社KASIKA
印刷・製本　東洋紙業株式会社

ISBN978-4-9910615-1-6

本書掲載の情報は2019年8月現在のものです。

取材情報は実際に訪問した時の体験をもとに構成しています。

神社仏閣、観光施設などは、現地の習わしを尊重し、節度ある旅行を心がけてください。